Landfrauen küche

Die 200 besten Rezepte

Doris Bopp, Karolina Fell, Verena Isele,
Gabriele Lehari, Wolfram Martin, Oda Tietz

Ulmer

Inhalt

Schnittlauchsalat

Zutaten für 4 Personen
5 Eier
5 Bd Schnittlauch
1 EL Senf
3 TL Sonnenblumenöl
Salz
frisch gemahlener Pfeffer
1 TL Zucker
1 – 2 EL Essig
150 g Crème fraîche

- Schnittlauch waschen, trockenschleudern und in feine Röllchen schneiden
- 4 Eier in 10 Minuten hart kochen, mit kaltem Wasser abschrecken, pellen und in feine Würfel schneiden
- Die Eiwürfel mit dem Schnittlauch vermischen
- Das letzte Ei trennen
- Das Eigelb mit dem Senf cremig rühren und unter ständigem Rühren langsam das Öl zugeben, anschließend die Crème fraîche unterrühren
- Mit Salz, Pfeffer, Zucker und Essig abschmecken
- Alle Zutaten gut mischen und vor dem Servieren mindestens 1 Stunde durchziehen lassen.

Variante

Besonders hübsch sieht es aus, wenn Sie diesen oder auch andere Salate in Paprikaschoten servieren. Hierfür Paprikaschoten waschen, halbieren, weiße Trennwände und Kerne entfernen und innen auswaschen. Anschließend pro Person eine Hälfte mit Salat füllen und servieren. Alternativ lässt sich der Salat auch auf großen, knackigen Blättern von Eisbergsalat anrichten.

Zwiebelsalat

Zutaten für 4 Personen
3 Gemüsezwiebeln
5 EL Sahne
3 EL Weinessig
3 EL Öl
Pfeffer
Salz
Zucker
je nach Geschmack frische Kräuter oder Kümmel

- Die Zwiebeln schälen, waschen und in nicht zu feine Streifen schneiden
- Kurz mit heißem Wasser überbrühen, mit einem Kochlöffel etwas kneten, dann in einem Sieb ausdrücken und mit kaltem Wasser abschrecken
- Die Zwiebeln gut abtropfen lassen
- Sahne, Essig, Öl, Pfeffer, Salz und Zucker zu einer Marinade verrühren
- Die Marinade und die Zwiebeln gut vermischen
- Den Salat zum Durchziehen 1 bis 2 Stunden in den Kühlschrank stellen
- Nach Wunsch frische fein gehackte Kräuter oder Kümmel vor dem Servieren darüberstreuen
- Dazu passt gut frisches Bauernbrot.

TIPP
Fenchel hat einen nussigen Geschmack und lässt sich auch sehr gut mit Äpfeln kombinieren. Hierzu passt dann ein Dressing aus Öl, Salz und Zitronensaft.

Fenchelsalat Bild rechts

Zutaten für 4 Personen
3 Fenchelknollen
1 reife Banane
1 EL Zitronensaft
2 EL Sahne
200 g Naturjogurt
1 TL Curry
1 Prise gemahlener Ingwer
Salz

- Fenchelknollen putzen, waschen, halbieren und den Strunk herausschneiden
- Die feinen grünen Blätter klein schneiden und zur Seite stellen
- Die Knollen in Streifen schneiden
- Die Banane schälen, zerdrücken und mit Zitronensaft übergießen
- Den Jogurt mit der Banane und der Sahne vermischen
- Mit Curry, Salz und Ingwer abschmecken
- Den Fenchel mit dem Dressing mischen
- Vor dem Servieren mit dem Fenchelgrün bestreuen.

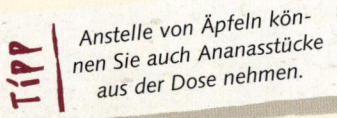

TIPP
Anstelle von Äpfeln kön-
nen Sie auch Ananasstücke
aus der Dose nehmen.

Sauerkrautsalat

Zutaten für 4 Personen

500 g rohes Sauerkraut

3 Äpfel

120 g saure Sahne

1 TL Senf

1 TL Zucker

weißer Pfeffer

1 EL Öl

2 EL Zitronensaft

- Sauerkraut abspülen, gut abtropfen lassen, ausdrücken und grob schneiden
- Äpfel schälen, raspeln und unter das Kraut mischen
- Die saure Sahne mit Senf, Zucker, Pfeffer, Öl und Zitronensaft verrühren, über das Kraut geben und vermischen.

Variante mit Speck und Zwiebeln

Anstelle von Äpfeln kann man auch 100 g Speck und 1 kleine Zwiebel verwenden.

Den Speck in feine Würfel schneiden und in der Pfanne mit etwas Fett kurz scharf anbraten, zur Seite stellen und gut abkühlen lassen. Die Zwiebel in feine Würfel schneiden. Nun unter den Salat mischen und an einem kühlen Ort gut ziehen lassen.

Das oben angegebene Dressing mit saurer Sahne passt auch gut zur Variante mit Speck und Zwiebeln.

Die Pfalz besitzt das größte Anbaugebiet für Salat und Gemüse in der Bundesrepublik. Natürlich gedeiht hier auch Weißkohl, der Rohstoff für Sauerkraut, besonders gut. Daher gehören Sauerkrautgerichte wie Saumagen und Leberwurst zur Pfalz.

Frühlingssalat

Zutaten für 4 Personen

1 großer Kohlrabi
(ca. 400 g)

400 g Möhren

1 große Salatgurke

2 Bd Radieschen
(ca. 300 g)

1 Kästchen Kresse

2 Eier

200 g Jogurt

Saft einer 1/2 Zitrone

1/4 TL Salz

1/2 TL Zucker

- Kohlrabi und Möhren waschen und schälen, beides grob raspeln
- Radieschen und Gurke gründlich waschen und trockentupfen, ungeschält in Streifen schneiden
- Kresse gründlich waschen, trockentupfen und fein hacken
- Diese Zutaten vorsichtig untereinander heben
- Die Eier in 10 Minuten hart kochen, mit kaltem Wasser abschrecken, schälen, in Scheiben schneiden oder achteln und zur Seite stellen
- Für die Marinade den Jogurt und den Zitronensaft mischen, mit Zucker und Salz abschmecken
- Die Masse über den Salat gießen und vorsichtig unterheben, vor dem Servieren mit den gekochten Eiern dekorieren.

Variante

Wer den Salat etwas deftiger wünscht, kann zusätzlich noch Schinken in feine Würfel schneiden, in der Pfanne anbraten und über den Salat geben.

Tipp

Eine schöne Dekoration sind große Salatblätter, die man gründlich wäscht und unten in die Portionsschälchen legt. Darauf kommt dann der Salat.

Bettbrunzersalat
Löwenzahnsalat

Zutaten für 4 Personen

400 g junger Löwenzahn

1 kleine Zwiebel

100 g magerer Räucherspeck

1 EL Öl

2 EL Essig

1 Prise Salz

1 Prise Pfeffer

- Den Löwenzahn waschen, mehrfach durchspülen, putzen und gut abtropfen lassen
- Die Zwiebel schälen und fein hacken
- Löwenzahn, Zwiebel, Pfeffer und Salz in eine Salatschüssel geben
- Den Räucherspeck in Würfelchen schneiden und in einer Pfanne mit dem Öl anrösten
- Den Pfanneninhalt heiß über dem Löwenzahn verteilen
- In der noch heißen Pfanne den Essig schwenken, ebenfalls über den Salat geben und alles umwenden
- Mit frischem Brot anrichten.

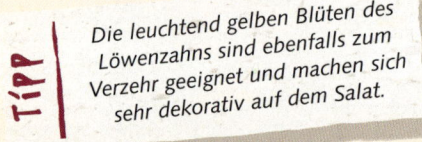

Tipp Die leuchtend gelben Blüten des Löwenzahns sind ebenfalls zum Verzehr geeignet und machen sich sehr dekorativ auf dem Salat.

Löwenzahn, dessen Blätter reich an Vitamin A und C sind, gehört zu den ältesten bekannten Wildsalaten. Sein sprechender Name in Frankreich – Bettbrunzer bzw. französisch „Pissenlits" – soll mit den harntreibenden Eigenschaften zusammenhängen, die ihm im 16. Jahrhundert zugeschrieben wurden.

Grumbeeresalat
Kartoffelsalat

Zutaten für 4 Personen

1 kg fest kochende Kartoffeln

1 kleine Zwiebel

3 Stängel Petersilie

1 kleines Bd Schnittlauch

150 ml Fleischbrühe

150 ml Weinessig

1 Msp Senf

1 Prise Salz

1 Prise Pfeffer

- Die Kartoffeln in der Schale kochen
- Die Zwiebel schälen und fein würfeln
- Die Kräuter waschen und klein hacken
- In einem Topf die Fleischbrühe erwärmen
- Die Kartoffeln abgießen, warm schälen, in Scheiben schneiden und in eine Schüssel legen
- Mit dem Essig übergießen
- In einer Schüssel die Fleischbrühe mit den Zwiebelwürfelchen, dem Senf, Salz und Pfeffer gut durchmengen
- Die Mischung über die Kartoffeln gießen, mit den gehackten Küchenkräutern bestreuen und alles vorsichtig umwenden, so dass die Kartoffelscheiben möglichst nicht zerbrechen
- Lauwarm servieren.

Tipp

Der Kartoffelsalat kann mit gebratenen Speckwürfeln oder klein geschnittenen Essiggurken variiert werden. Klassische Begleiter sind Straßburger Würstchen, geräucherte Schweineschulter oder Blutwurst.

Fest kochende Kartoffeln sind stärkearm und dünnschalig. Sie behalten beim Garen ihre feste Struktur und eignen sich deshalb für Salate und Gratins besser als mehlig kochende, die mit ihrem höheren Stärkegehalt in Pürees, Suppen und Knödeln ihre besonderen Qualitäten voll entfalten.

Cervelasalat Bild rechts

Zutaten für 4 Personen

4 Cervelawürste
1 kleine Zwiebel
2 Schalotten
1 Bd Petersilie
1 hart gekochtes Eigelb
2 – 3 EL Essig
2 – 3 EL Öl
1 Msp Senf
Salz
Pfeffer

- Die Würste enthäuten und in Scheiben schneiden
- Die Zwiebel und die Schalotten schälen, fein würfeln und über die Wurstscheiben geben
- Die Petersilie waschen, hacken und mit dem Salat vermischen
- Aus Essig, Öl, Senf, Salz, Pfeffer und dem hart gekochten Eigelb eine Vinaigrette rühren und über den Salat gießen
- Cervelasalat macht sich besonders dekorativ, wenn er in einer mit Salatblättern ausgelegten Schüssel angerichtet und von Tomatenscheiben und Petersilienblättchen umgeben ist.

Die Cervela hat ihren Namen vom Gehirn des Schweins – französisch „cervelle de porc" –, das in der Herstellung mancher Cervela-Sorten Verwendung findet.

Rote Rübensalat

Zutaten für 4 Personen

500 g Rote Rüben (Rote Bete)
1 Knoblauchzehe
2 Zwiebeln
200 ml Essig
1 Lorbeerblatt
2 Gewürznelken
2 EL Öl
1 Msp Salz
1 Msp Pfeffer

- Die Rüben waschen und in einem Topf mit kaltem, gesalzenem Wasser aufsetzen
- Das Wasser zum Kochen bringen und die Rüben etwa 60 Minuten leicht köchelnd garen
- Inzwischen die Knoblauchzehe und eine Zwiebel schälen und hacken
- Die Rüben abgießen, schälen und in dünne Scheiben schneiden
- Den Essig, Salz und Pfeffer, die gehackte Zwiebel und die Knoblauchzehe, das Lorbeerblatt und die Gewürznelken zu einer Marinade verrühren
- Die Rübenscheiben in eine Schüssel legen, mit der Marinade übergießen und ein bis zwei Tage durchziehen (marinieren) lassen
- Vor dem Anrichten das Öl über die Scheiben träufeln
- Die zweite Zwiebel schälen, in Ringe schneiden und damit den Salat verzieren
- Dazu schmeckt Suppenfleisch und kräftiges Brot.

Fischsalat mit Obst

**Zutaten für 4 bis
6 Personen**

**200 g Fischfilet von
Seefisch (z. B. Seelachs
oder Schellfisch)**

200 g Krabben

1 Orange

2 Mandarinen

1 Apfel

2 Scheiben frische Ananas

1 Kiwi

**100 g Weintrauben
(blau und grün)**

Für die Soße:

125 g Salatmajonäse

2 EL Zitronensaft

**1 TL Meerrettich
(aus dem Glas)**

1 EL Tomatenketschup

1 EL Kognak

1 Prise Zucker

Salz

**frisch gemahlener
weißer Pfeffer**

**Cayenne-Pfeffer nach
Geschmack**

- Das Fischfilet abspülen und in kochendem Salzwasser in etwa
  5 Minuten garen
- Orange und Mandarinen schälen und in Spalten teilen; falls die
  weißen Häute der Orange sehr fest sind, die Orangenspalten
  filetieren, also von den Häuten befreien
- Den Apfel schälen, vom Kerngehäuse befreien und in kleine Stücke
  schneiden
- Die Ananasscheiben ebenfalls in Stücke schneiden
- Die Kiwi schälen, in Scheiben schneiden und diese halbieren
- Die Weintrauben waschen, abtropfen lassen, halbieren und die Kerne
  entfernen
- Das Fischfilet zerpflücken und mit den Obststücken vermischen
- Die Soße aus den angegebenen Zutaten zubereiten und mit Salz,
  Pfeffer und Cayenne-Pfeffer abschmecken
- Den Salat auf einer Platte anrichten, mit der Soße überziehen und die
  Krabben darüber verteilen
- Mit gebuttertem Toast oder Weißbrot servieren.

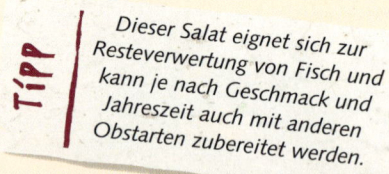

Tipp Dieser Salat eignet sich zur
Resteverwertung von Fisch und
kann je nach Geschmack und
Jahreszeit auch mit anderen
Obstarten zubereitet werden.

Rheinischer Heringssalat

(von Marlies Wiemer)

Zutaten für 4 Personen
4 Matjesfilets
2 Boskop-Äpfel
1 Zwiebel
2 hart gekochte Eier
300 g gekochte Kartoffeln
150 g gekochte Rote Bete
150 g gekochtes Rind- oder Kalbfleisch
2 Gewürzgurken
50 g Walnusskerne
50 g Salatmajonäse
250 g saure Sahne
Zucker
Salz
Pfeffer
1 – 2 EL Essig
1 Bd Petersilie

- Die Heringsfilets gründlich mit Wasser abspülen, trockentupfen und in feine Würfel schneiden
- Die Äpfel schälen, vom Kerngehäuse befreien und in kleine Würfel schneiden
- Die Zwiebel schälen und ebenfalls fein würfeln
- Die Eier pellen
- Kartoffeln, Rote Bete, das Fleisch, die Eier und die Gewürzgurken in gleich große, feine Würfel schneiden
- Die Walnusskerne fein hacken
- Die Majonäse mit der sauren Sahne vermischen und mit Zucker, Salz, Pfeffer und Essig abschmecken
- Alle Zutaten mit der Soße vermischen
- Einige Stunden durchziehen lassen
- Die Petersilie waschen, trockenschütteln und fein hacken
- Vor dem Servieren über den Salat streuen.

In vielen Regionen Deutschlands gibt es Rezepte für Heringssalat, die sich manchmal nur durch wenige Zutaten unterscheiden. Das Besondere an diesem Rezept sind die Kartoffeln, das Fleisch und die Rote Bete, die den Salat besonders gehaltvoll machen.

Schellfischsalat

Zutaten für 4 Personen

500 g küchenfertiger Schellfisch

Saft von einer Zitrone

1 Lorbeerblatt

5 Pfefferkörner

100 g Räucherlachs

2 hart gekochte Eier

1 Zwiebel

2 Tomaten

1 Gewürzgurke

2 EL Essig

3 EL Öl

1 TL Senf

1 Prise Zucker

Salz

weißer Pfeffer

- Den Schellfisch in etwas Wasser mit Zitronensaft, Lorbeerblatt und Pfefferkörnern in etwa 20 Minuten bei milder Hitze garen
- Herausnehmen, abkühlen lassen und in gleich große Stücke zerpflücken
- Den Räucherlachs in feine Streifen schneiden
- Die Eier pellen und in Scheiben schneiden
- Die Zwiebel schälen und fein hacken
- Die Tomaten waschen, abtrocknen und in dünne Scheiben schneiden
- Die Gewürzgurke fein würfeln
- Alle Zutaten vorsichtig miteinander vermischen
- Aus Essig, Öl, Senf, Zucker, Salz und Pfeffer eine Salatsoße zubereiten und vorsichtig unter den Salat ziehen
- Auf Salatblättern angerichtet servieren.

Tipp

Die Zutaten für diesen Salat lassen sich nach Belieben variieren. So kann man auch Champignons und bissfest gekochte Blumenkohlröschen statt Tomaten und Gewürzgurken verwenden.

Wildschinkensalat nordisch

Zutaten für 4 Personen

Für den Salat:

1 l Wasser mit Salz

100 g Hörnchennudeln

250 g mild geräucherter Wildschinken

1 Banane

Saft von einer Zitrone

1/2 Sellerieknolle (250 g)

1/2 kleinere Honigmelone (etwa 300 g)

125 g blaue Weintrauben

1 kleine Dose Erbsen

Für das Dressing:

50 g Majonäse

1/8 l saure Sahne

Saft einer halben Zitrone

Salz

frisch gemahlener Pfeffer

1 Prise Zucker

Für den Salat:

- Nudeln in Salzwasser nach Anleitung bissfest kochen, auf ein Sieb schütten und mit kaltem Wasser großzügig abschrecken, abtropfen und auskühlen lassen
- Wildschinken in 2 cm große Würfel schneiden und zusammen mit den erkalteten Nudeln in eine Schüssel geben
- Banane schälen, in 1/2 cm breite Scheiben schneiden und mit der Hälfte des Zitronensaftes beträufeln
- Sellerieknolle unter fließendem Wasser abbürsten, schälen, nochmals abspülen und trockentupfen
- Auf einer Reibe grob reiben und mit dem restlichen Zitronensaft beträufeln
- Aus der Honigmelone die Kerne entfernen und mit einem Kartoffelbohrer (oder Apfelgehäuseentferner) aus dem Fruchtfleisch Kugeln stechen
- Weintrauben waschen, halbieren und die Kerne entfernen
- Erbsen auf einem Sieb gut abtropfen lassen
- Alles mit Bananenscheiben und Sellerie unter die Nudeln und den Schinken heben und gut durchmischen

Für das Dressing:

- Majonäse und saure Sahne in einer Schüssel verrühren, mit Zitronensaft, Salz, Pfeffer und Zucker abschmecken
- Salat mit Marinade begießen und zugedeckt mindestens 1 Stunde im Kühlschrank durchziehen lassen, abermals abschmecken und in einer durchsichtigen Salatschüssel servieren.

Nordischen Wildschinken nimmt man – klassisch – vom Elch. Elchschinken ist der beste! Doch auch Schinken vom Dam- oder Rothirsch und sogar vom Wildschwein sind für Salate geeignet. Wildschinken kann man entweder in guten Wildhandlungen extra bestellen (es dauert eine Weile, da dieser behutsam geräuchert werden muss) oder erhält ihn in gut sortierten Delikatess- und Feinkostgeschäften.

TIPP

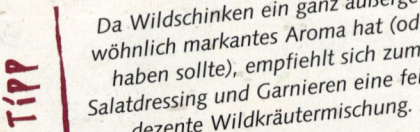

Da Wildschinken ein ganz außergewöhnlich markantes Aroma hat (oder haben sollte), empfiehlt sich zum Salatdressing und Garnieren eine feine, dezente Wildkräutermischung.

Herbstlicher Wildsalat

Zutaten für 4 Personen

Für den Salat:

400 g Wildfleisch

1 Apfel

100 g Cheddar-Käse

**1 frischer Pfirsich (oder
2 Hälften aus der Dose)**

**100 g Pfifferlinge
aus der Dose**

1 EL Zitronensaft

Für das Dressing:

4 EL Balsamico-Essig

3 EL Öl

Salz

frisch gemahlener Pfeffer

Für den Salat:

- Das Wildfleisch möglichst rosa braten, erkalten lassen und in nicht zu große Würfel schneiden
- Apfel schälen, Kerngehäuse entfernen und grob würfeln
- Käse und den geschälten Pfirsich ebenfalls würfeln und alles zusammen in eine Schüssel geben

Für das Dressing:

- Aus Balsamico-Essig, Salz, Pfeffer und Öl eine Salatsoße anrühren und mit Pfeffer würzen
- Über den Salat gießen, durchmischen und mindestens eine halbe Stunde ziehen lassen
- Den Salat in großen, flachen Cocktailgläsern anrichten
- Die abgetropften Pfifferlinge mit Zitronensaft beträufeln und den Salat damit garnieren
- Mit Stangenweißbrot und einem trockenen Burgunder servieren.

Tipp

Zweckmäßigerweise erhält man das Wildfleisch aus den Resten eines vorherigen Gerichtes. Man kann aber gezielt das Fleisch von einer Wildart – besser noch ein Mix von mehreren Wildarten wie Hirsch, Reh und Hase – aussuchen und für diesen Salat vorbereiten. Statt mit Pfirsich lässt sich dieser herzhafte, frische Salat auch mit Kürbis-Kompottstücken zubereiten.

Erfurter Puffbohnensalat

Zutaten für 4 Personen
500 g Puffbohnen
Salz
2 Zwiebeln
4 EL Sonnenblumenöl
4 EL Weinessig
frisch gemahlener
weißer Pfeffer
1/2 TL Zucker
1 Ei
150 g Sülzwurst
1 EL gehackte Petersilie

- Die Puffbohnen in einem Topf mit Salzwasser bedeckt kurz aufkochen
- Das Wasser abgießen, die Bohnen mit frischem Wasser übergießen und bei kleiner Hitze 20 Minuten weich kochen
- Abgießen, die Bohnen kalt abspülen, abtropfen lassen und in eine Salatschüssel füllen
- Die Zwiebeln schälen, in kleine Würfel schneiden und unter die Puffbohnen mischen
- Öl, Essig, Salz, Pfeffer und Zucker verrühren, über die Bohnen gießen und zugedeckt zwei Stunden ziehen lassen
- Das Ei hart kochen, pellen und in kleine Würfel schneiden
- Die Wurst feinstreifig schneiden
- Ei und Wurst auf dem Salat anrichten
- Mit Petersilie bestreut servieren.

In Erfurt, der Hochburg des Gemüseanbaus, wachsen und gedeihen Puffbohnen (auch als „Große Erfurter Puffbohne" und „Gemeine große Garten- und Ackerbohne" bekannt und eine Rarität unter den Gemüsen) mit Blumenkohl, Kohlrabi, Wirsing und verschiedenen Kohlsorten um die Wette.

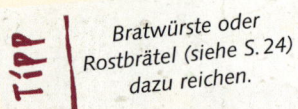

Tipp

Bratwürste oder
Rostbrätel (siehe S. 24)
dazu reichen.

Rawenzele-Salat

Zutaten für 4 Personen

**1 kg Kartoffeln
(fest kochend)**

2 Zwiebeln

200 g Speck

4 EL Sonnenblumenöl

3 EL Weinessig

125 g Schmant

1 EL Senf

Salz

**frisch gemahlener
weißer Pfeffer**

1 Prise Zucker

200 g Rawenzele (Feldsalat)

- Die Kartoffeln in der Schale kochen, pellen und in Scheiben schneiden
- Die Zwiebeln schälen und fein hacken
- Den Speck in kleine Würfel schneiden und ohne Fett in einer Pfanne kross ausbraten
- Öl, Essig, Schmant und Senf verrühren; mit Salz, Pfeffer und Zucker abschmecken
- Zwiebeln und Speckwürfel zusammen mit dem Speckfett untermischen
- Die Kartoffelscheiben in eine Schüssel geben; die Salatsoße darüber geben
- Zugedeckt 2 Stunden ziehen lassen
- Die Rawenzele waschen, abtropfen lassen und unter den Salat heben
- Sofort servieren.

Rawenzele wird der Feldsalat nur mancherorts genannt, denn dieser Salat mit dem nussigen Geschmack hat vielerlei Namen: Rebkresse, Ackerlattich, Mäuseöhrchen, Nüsslisalat, Vogelsalat. Unsere Altvorderen holten sich das Kraut, das zur Familie der Baldriangewächse gehört und wild zwischen dem Wintergetreide wuchs, von den Feldern. Heute sind die kräftigen grünen Blätter zum „Luxus-Salat" avanciert.

Eiersalat

Zutaten für 4 Personen

100 g durchwachsener
Speck

250 g Jogurt

1 EL Senf

2 EL Zitronensaft

1/2 TL Zucker

Salz

frisch gemahlener
weißer Pfeffer

8 Eier

1 Hand voll
Brunnenkresse

- Den Speck in kleine Würfel schneiden und in einer Pfanne ohne zusätzliches Fett kross ausbraten
- Den Jogurt mit Senf und Zitronensaft verrühren, mit Zucker, Salz und Pfeffer würzen
- Die Eier 10 Minuten kochen, pellen, in $1/2$ cm breite Scheiben schneiden und in eine Salatschüssel schichten
- Die Soße und die Speckwürfel darüber verteilen
- Die Brunnenkresseblätter waschen, abtropfen lassen, grob zerkleinern und auf dem Salat anrichten.

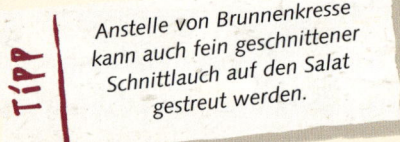

Tipp
Anstelle von Brunnenkresse kann auch fein geschnittener Schnittlauch auf den Salat gestreut werden.

In der Oberlausitz gibt man dem Salat noch mit ein oder zwei sauren Gürkchen Würze.
Bei den Kindern liegen auf dem Abendbrotteller Eierschiffchen. Dafür werden hart gekochte Eier halbiert. Eine Wurstscheibe dient als Segel, einige Gurkenwürfel sind die Fracht und als Fähnchen nimmt man Petersilie.

Wurstsalat

Zutaten für 4 Personen

4 Bockwürste

2 Bd Radieschen

100 g Salatgurke

1 Tomate

1/2 Zwiebel

3 EL Öl

3 EL Weinessig

Salz

frisch gemahlener weißer Pfeffer

- Die Bockwürste in Scheiben schneiden
- Radieschen, Gurke und Tomate putzen, waschen und ebenfalls in Scheiben schneiden, die halbe Zwiebel schälen und fein würfeln
- Alles zusammen in eine Schüssel geben
- Öl, Essig, Salz und Pfeffer verrühren und untermischen
- Vor dem Servieren 1 Stunde durchziehen lassen.

Die Zwiebel hat viele Verwandte. Knoblauch, Schalotte, Schnittlauch, Porree. „Cepula", kleines Köpfchen, heißt das in Sachsen so verehrte Küchenwunder. Es würzt Braten, Bratkartoffeln, Salate. Seine schwefelhaltigen ätherischen Öle regen den Appetit an und fördern die Durchblutung.

Fleischbrühe

Zutaten für 4 Personen

300 g Rindfleisch

**(Querrippe, Brustkern,
Wade, Beinscheibe)**

1 Markknochen

250 g Rinderknochen

1 Zwiebel mit Schale

2 Karotten

1/4 Sellerieknolle

1/2 Stange Lauch

1/2 TL Pfefferkörner

1 Lorbeerblatt

Salz

- Fleisch und Knochen abspülen, in 1 1/2 bis 2 l kaltes, leicht gesalzenes Wasser geben und zum Kochen bringen
- Karotten und Sellerie waschen, schälen und in grobe Stücke teilen
- Lauch waschen und in Stücke teilen
- Zwiebel halbieren und eventuell an der Schnittfläche in einer Pfanne leicht anbräunen
- Brühe abschäumen
- Karotten und Sellerie, Zwiebel, Lorbeerblatt und Pfefferkörner zugeben
- 1 1/2 bis 2 Stunden kochen lassen (im Dampfdrucktopf 30 Minuten)
- Brühe abseihen, kaltstellen und bei Bedarf entfetten.

Variante

Für eine Wildbrühe verwenden Sie 1 kg Wildknochen (Reh, Wildschwein oder Hirsch) und 250 g Fleischabschnitte von Haxen, die Sie in Öl anrösten. Mit 1 1/2 l Wasser ablöschen und zum Kochen bringen. Gemüse und Gewürze wie oben sowie 5 Wacholderbeeren zugeben. Wie oben kochen und abkühlen lassen.

Tipp

Wenn Sie ein saftiges Stück Fleisch haben möchten, sollten Sie dieses in kochendes Wasser geben. Das Fleisch kann als Suppeneinlage, zu Gaisburger Marsch (siehe S. 108), als Rindfleischsalat oder für Fleischküchlein verwendet werden.

Geflügelbrühe Bild rechts

Zutaten für 4 Personen

1 Suppenhuhn
1 Zwiebel mit Schale
2 Karotten
1/4 Sellerieknolle
1/2 Stange Lauch
1/2 TL Pfefferkörner
Salz

- Das Huhn gut waschen
- In 2 l kaltes, leicht gesalzenes Wasser legen und zum Kochen bringen
- Brühe abschäumen
- Karotte und Sellerie waschen und in grobe Stücke teilen, Zwiebel vierteln
- Gemüse und Pfefferkörner zum Huhn geben und alles zum Kochen bringen
- 2 Stunden bei mittlerer Hitze kochen lassen (im Dampfdrucktopf 30 Minuten)
- Brühe abseihen, kaltstellen und entfetten.

Tipp *Das Hühnerfleisch können Sie als Suppeneinlage oder für Frikassee verwenden.*

Fischbrühe

Zutaten für 4 Personen

1 kg Fischabschnitte und Karkassen (Köpfe ohne Kiemen und Flossen, Gräten)
1 große Zwiebel
2 Karotten
1/2 Stange Lauch
2 Zitronenscheiben
5 Wacholderbeeren
2 Salbeiblätter
2 Stängel Petersilie
100 ml Weißwein
Salz
1 Prise Zucker

- Fischabschnitte und Karkassen gut waschen
- Karotten und Zwiebel waschen und in Stücke teilen
- Lauch waschen und in Scheiben schneiden
- Zwiebel vierteln
- Fischabschnitte, Karkassen und Gemüse in 2 l kaltes, leicht gesalzenes Wasser geben
- Kräuter, Zitronenscheiben, Gewürze und Wein hinzufügen
- Alles zum Kochen bringen und 20 Minuten leicht köcheln lassen
- Brühe abseihen und kaltstellen.

Tipp *Diese Fischbrühe eignet sich für Suppen, als Sud für Kochfisch oder als Grundlage für Fischsoßen. Haben Sie größere Mengen Fischabschnitte, können Sie Fischbrühe auf Vorrat zubereiten und dann einfrieren oder heiß in Schraubgläser abfüllen.*

Gemüsebrühe

Zutaten für 4 Personen

2 Karotten

2 Petersilienwurzeln

1/4 Sellerieknolle

2 Sellerieblätter

1 Stange Lauch

1 Zwiebel mit Schale

1 Tomate

1 Knoblauchzehe

1 Lorbeerblatt

1/2 TL Pfefferkörner

Salz

- Zwiebel vierteln, Knoblauchzehe halbieren
- Karotten, Petersilienwurzeln und Sellerie waschen, putzen, schälen und in grobe Stücke teilen
- Tomate vierteln
- Alles in 1 1/2 l kaltes, leicht gesalzenes Wasser geben
- Gewürze hinzufügen
- Zum Kochen bringen und etwa 30 Minuten leicht köcheln lassen
- Brühe abseihen und kaltstellen.

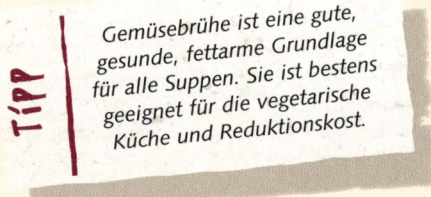

Tipp

Gemüsebrühe ist eine gute, gesunde, fettarme Grundlage für alle Suppen. Sie ist bestens geeignet für die vegetarische Küche und Reduktionskost.

Eine feine Einlage für diese Brühe sind Gemüsestreifen (Juliennes). Dafür pro Person 60–80 g gemischtes Gemüse (Karotten, Sellerie, Lauch) waschen, schälen und in gleichmäßig lange, streichholzdünne Streifen schneiden. In der kochenden Brühe bissfest garen, dabei die unterschiedlichen Garzeiten beachten.

Tipp

Flädle können Sie gut auf Vorrat herstellen und geschnitten einfrieren. Sie kommen noch gefroren in die kochende, klare Brühe. So haben Sie im Handumdrehen eine gute Suppe.

Flädle

Zutaten für 4 Personen
125 g Mehl
200–250 ml Milch
1 Ei
Salz
Öl zum Backen
1 l Fleischbrühe
Schnittlauch
Muskat

- Mehl in eine Rührschüssel geben
- Ei und Salz hinzufügen
- Milch nach und nach zugießen und mit dem Handrührgerät glatt rühren
- Teig etwa 30 Minuten ruhen lassen
- 1 TL Öl in einer Pfanne erhitzen
- 1 Schöpflöffel Teig gleichmäßig in der Pfanne verteilen und einen dünnen Pfannkuchen ausbacken; wiederholen, bis die Teigmenge aufgebraucht ist (ergibt etwa 6 Flädle)
- Erkaltete Flädle aufrollen und in feine Streifen schneiden
- Brühe aufkochen lassen
- Flädle in eine Terrine geben und mit kochender Brühe übergießen
- 2 bis 3 Minuten ziehen lassen
- Mit Schnittlauchröllchen und frisch geriebenem Muskat bestreut servieren.

Varianten

Kräuterflädle
4 EL gemischte, gehackte Kräuter (Schnittlauch, Petersilie, Estragon, Sauerampfer) unter den Teig mischen.

Bärlauchflädle
4 EL fein gehackten Bärlauch unter den Teig mischen. Bärlauch wächst im Frühjahr (März, April) in unseren Wäldern. Er riecht stark nach Knoblauch. Beim Pflücken bitte nicht mit den giftigen Blättern des Maiglöckchens verwechseln!

Gefüllte Flädle
Teig wie Grundrezept zubereiten, für die Füllung 125 g Brät, 1 Ei, 2 EL Semmelbrösel, 1 EL gehackte Petersilie, Salz, Pfeffer und Muskat vermischen. Die Fleischmasse auf vier Flädle verteilen und glatt streichen, Flädle aufrollen, mit einem scharfen Messer in 1/2 bis 1 cm dicke Scheiben schneiden und in leicht kochender Brühe gar ziehen lassen. Mit Schnittlauchröllchen bestreut servieren.

Eierstich

Zutaten für 4 Personen
2 Eier
4 EL Milch
Butter zum Ausfetten
Salz
Muskat
1 l Brühe
Schnittlauch

- Eier, Milch und Gewürze verquirlen, in eine gefettete flache Form füllen und mit einem Teller abdecken
- Im Wasserbad bei schwacher Hitze etwa 30 Minuten stocken lassen
- Nach dem Abkühlen stürzen und in Würfel oder andere Formen schneiden
- In heißer, gut abgeschmeckter Brühe mit Schnittlauchröllchen bestreut servieren.

Tipp Eierstich eignet sich besonders gut als Einlage für Tomatensuppe (siehe S. 70).

Suppennudeln

Zutaten für etwa 300 g
getrocknete Nudeln
250 g Mehl
1 – 2 Eier je nach
Größe

- Eier mit 1 bis 2 halben Eierschalen kaltem Wasser gut verquirlen
- Mehl nach und nach zugeben und gut durchkneten, der Teig sollte glatt und zart sein
- Abgedeckt etwa 20 Minuten ruhen lassen
- Teig in zwei Stücke teilen und auf einem leicht bemehlten Brett sehr dünn ausrollen
- Teigplatten antrocknen lassen
- Platten teilen und aufrollen, in möglichst dünne Streifen schneiden
- Nudeln auflockern und auf einem Küchentuch trocknen lassen.

Tipp Für eine gute Nudelsuppe rechnet man 60 g Suppennudeln pro Liter Brühe. Die Nudeln werden in Salzwasser 5 – 10 Minuten gekocht und dann in die Brühe gegeben. Mit Muskat und Schnittlauch bestreut servieren.

Tipp

Sie können auch Wildmaultaschen mit 300 g Wildhackfleisch, vermischt mit 1 klein gewürfelten Zwiebel, 1/2 Bund gehackter Petersilie, 2 EL Semmelbrösel, Salz, Pfeffer und 1/2 TL Wildgewürz zubereiten.

Maultaschen

Zutaten für 4 – 6 Personen

Für den Teig:

125 g Mehl

1 Ei

1 – 2 EL Wasser

Für die Fülle:

125 g Spinat

1 kleine Zwiebel

20 g Butter

125 g Brät

4 EL Milch

1 Ei

Salz, Pfeffer

Muskat

4 – 5 EL Semmelbrösel

1 Eiweiß oder Wasser zum Bestreichen

- Nudelteig herstellen wie bei Suppennudeln (siehe S. 44) beschrieben
- Für die Fülle Zwiebel schälen und fein hacken
- Spinat waschen, fein hacken und mit der Zwiebel in Butter andünsten
- Brät mit der Milch verrühren, Ei, Spinat-Zwiebel-Masse und Semmelbrösel zugeben
- Mit Salz, Pfeffer und Muskat würzen
- Nudelteig nach dem Ruhen zu Streifen von etwa 12 bis 15 cm Breite dünn ausrollen
- Fülle auf den Teigstreifen verteilen, dabei die Ränder frei lassen
- Ränder mit Eiweiß oder Wasser bestreichen
- Seitliche Ränder über die Fülle einschlagen und die Teigstreifen flach aufrollen
- Mit einem Rührlöffelstiel kleine, schräge Maultaschen abteilen
- Maultaschen in den Vertiefungen durch Rädeln oder mit einem scharfen Messer durchschneiden
- In leicht gesalzenem, kochendem Wasser etwa 10 Minuten gar ziehen lassen
- In heißer Brühe anrichten und mit Schnittlauchröllchen bestreut servieren.

Maultaschen sind in Süddeutschland eine Fastenspeise. Die Legende erzählt, dass die Mönche des Klosters Maulbronn während der Fastenzeit ein großes Stück Fleisch geschenkt bekommen haben. Sie befanden sich im Zwiespalt. Einerseits wollten sie das Fleisch nicht verderben lassen, andererseits durften sie es während der Fastenzeit nicht essen. So kamen sie auf folgende Idee: Sie schnitten das Fleisch klein, mischten es mit viel Grünzeug und versteckten alles im Nudelteig, damit es der liebe Gott nicht sehen konnte.

Grießklößchen Bild rechts

Zutaten für 4 Personen

40 g Butter

60 g Hartweizengrieß

1 Ei

Salz

1 1/2 l Brühe zum Garen

Schnittlauch zum Bestreuen

- Butter schaumig rühren
- Erst etwas Grieß, dann das Ei, den übrigen Grieß und Salz zugeben
- Teig zum Quellen etwa 20 Minuten stehen lassen
- In die leicht kochende Brühe einen Probekloß mit zwei Teelöffeln einlegen
- Zerfällt das Klößchen, noch etwas Grieß unter den Teig mischen
- Diesen dann nochmals 20 Minuten quellen lassen
- Zerfällt das Klößchen nicht, die restlichen Klößchen in die heiße, leicht kochende Brühe einlegen und 20 Minuten ziehen lassen
- Mit Schnittlauchröllchen bestreut servieren.

TIPP

Klößchen aus rohem Grieß quellen sehr stark. Deshalb sollten Sie sie möglichst klein ausformen. Fertig gekochte Grießklößchen lassen sich sehr gut einfrieren.

Frischkäsenockerl

Zutaten für 4 Personen

150 g Frischkäse

1 Ei

30 g weiche Butter

30 g Semmelbrösel

Salz, Pfeffer

- Das Ei trennen
- Frischkäse mit dem Eigelb und der weichen Butter verrühren, Semmelbrösel unterheben
- Mit Salz und Pfeffer würzen
- Eiweiß mit einer Prise Salz steif schlagen und unter die Frischkäsemasse heben
- Mit zwei nassen Teelöffeln Klößchen abstechen und in kochendem Salzwasser bei milder Hitze etwa 15 Minuten ziehen lassen.

TIPP

Frischkäsenockerl eignen sich als Einlage in klaren Brühen. Besonders gut schmecken sie auch zur Tomatensuppe (siehe S. 70) oder Senfsuppe (siehe S. 54).

Markklößchen Bild rechts

Zutaten für 4 Personen
40 g Rindermark
1 Ei
40 – 50 g Semmelbrösel
Muskat
Salz
1 1/4 l Brühe zum Garen
Schnittlauch zum Bestreuen

- Mark aus den Knochen lösen und in kleine Stücke schneiden
- In einem Topf auslassen
- Mark durch ein feines Haarsieb abseihen und etwas erkalten lassen
- Ei, Gewürze und so viel Semmelbrösel dazu geben, dass eine gut formbare Masse entsteht
- Mit feuchten Händen haselnussgroße Klößchen formen
- Kaltstellen
- Klößchen in gut abgeschmeckter Brühe etwa 10 Minuten gar ziehen lassen und mit Schnittlauchröllchen bestreut servieren.

Tipp

Das Mark können Sie auch zur Hälfte durch Butter ersetzen. Die Klößchen können sehr gut vorbereitet werden und man kann sie roh oder gekocht einfrieren. Pro Person rechnet man 5 bis 7 Klößchen.

Brätknödel

Zutaten für 4 Personen
150 g Bratwurstbrät
30 g Butter
30 g Semmelbrösel
1 Ei
Salz, Pfeffer
1 EL fein gehackte Petersilie
1 1/4 l Brühe zum Garen
Schnittlauch zum Bestreuen

- Butter schaumig rühren
- Semmelbrösel, Ei, Brät und Petersilie zugeben, mit Salz und Pfeffer abschmecken
- Brühe zum Kochen bringen
- Mit 2 Teelöffeln kleine Klößchen formen und in die leicht kochende Brühe einlegen
- 10 bis 15 Minuten ziehen lassen
- Mit Schnittlauchröllchen bestreut servieren.

Die traditionelle Hochzeitssuppe, die in ganz Deutschland bekannt ist, besteht aus klarer Fleischbrühe und verschiedenen Einlagen. Gemüsestreifen sind immer dabei. Im Süden liebt man Brätknödel, Flädle und Maultäschle. Im Norden serviert man Rindfleischwürfel, Hackfleischklößchen und Eierstich.

Kartoffelsuppe
mit Lauch

Zutaten für 4 Personen

400 g mehlig kochende Kartoffeln

1 l kräftige Hühnerbrühe

300 g Lauch geputzt

1 Bd Petersilie

100 g Butter

Salz, Pfeffer

Zucker

200 ml Sahne

Muskatnuss

- Kartoffeln schälen, in Scheiben schneiden und in der Brühe weich kochen
- Geputzten Lauch in feine Scheiben schneiden
- Petersilie hacken
- Lauch in 3 EL Butter andünsten, mit Salz, Pfeffer und 1 Prise Zucker würzen
- Kartoffeln in der Brühe mit dem Mixstab glatt und weiß pürieren
- Sahne zugeben und mit dem Mixstab aufschlagen: Nicht mehr kochen lassen!
- Restliche Butter in Flöckchen zugeben und nochmals aufschlagen
- Gedünsteten Lauch und Petersilie zugeben, mit Muskat abschmecken
- Suppe in vorgewärmten Tellern servieren.

Diese Suppe ist eine wunderbare Herbstsuppe und eignet sich als Vorspeise zu einem süßen Hauptgericht.

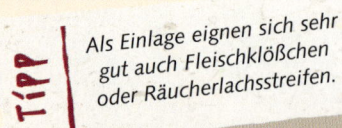

Tipp

Als Einlage eignen sich sehr gut auch Fleischklößchen oder Räucherlachsstreifen.

Monschauer Senfsuppe

Zutaten für 4 Personen

100 g Schalotten
250 g Kartoffeln
30 g Butter
100 ml Weißwein
500 ml Gemüsebrühe
150 ml Milch
100 ml Sahne
Salz, Pfeffer
Muskat
4 EL Senf, mittelscharf
Schnittlauch

- Schalotten schälen und in kleine Würfel schneiden
- Kartoffeln schälen und in Scheiben schneiden
- Butter in einem Topf zerlassen, die Schalottenwürfel und Kartoffelscheiben darin leicht andünsten
- Mit dem Weißwein ablöschen und etwas einkochen lassen
- Gemüsebrühe, Milch und Sahne zugeben und so lange leicht köcheln lassen, bis die Kartoffelscheiben gar sind (etwa 20 Minuten)
- Die Suppe mit dem Pürierstab pürieren, mit Salz, Pfeffer und Muskat abschmecken
- Den Senf unterheben
- Mit Schnittlauchröllchen bestreut servieren.

In Monschau in der Eifel kann man eine historische Senfmühle von 1882 bewundern. Hier werden nach neuen und überlieferten Familienrezepten 14 Senfsorten hergestellt.

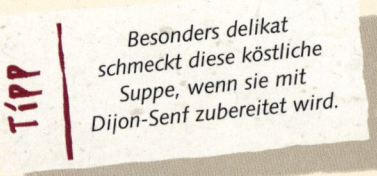

Tipp

Besonders delikat schmeckt diese köstliche Suppe, wenn sie mit Dijon-Senf zubereitet wird.

X

Kürbissuppe

Zutaten für 4 Personen

400 g Kürbisfleisch
250 g Kartoffeln
1 Stange Lauch
1 Zwiebel
1 Knoblauchzehe
30 g Butter
500 ml Gemüsebrühe
100 ml Sahne
1 EL Crème fraîche
Salz, Pfeffer
Schnittlauch
Kürbiskernöl
Geröstete Kürbiskerne

- Kürbisfleisch in Würfel schneiden
- Kartoffeln schälen und würfeln
- Lauchstange längs halbieren, waschen und das Weiße in Streifen schneiden
- Zwiebel und Knoblauch schälen und in Würfel schneiden
- Butter in einem großen Topf zerlassen, Zwiebel- und Knoblauchwürfel andünsten
- Kartoffeln, Lauch und Kürbis dazugeben, gut durchdünsten
- Mit der Gemüsebrühe ablöschen und etwa 20 Minuten leicht kochen lassen
- Die Suppe mit dem Pürierstab pürieren
- Mit Salz und Pfeffer abschmecken
- Sahne und Crème fraîche dazugeben
- Suppe nochmals gut erhitzen und in vorgewärmte Teller füllen
- Mit Schnittlauchröllchen bestreuen
- Zum Schluss einige Tropfen Kürbiskernöl und geröstete Kürbiskerne auf die Suppe geben.

Tipp

Sehr gut eignet sich für Suppen die Kürbis-Sorte Hokkaido. Diese Sorte hat eine wunderschöne orangerote Farbe und ein schmackhaftes Fleisch. Die Früchte wiegen etwa 1 bis 2 kg und lassen sich gut lagern.

Grünkernsuppe Bild rechts

Zutaten für 4 Personen

40 g Grünkernmehl

40 g Butter

1 1/4 l kräftige Fleischbrühe

1 Eigelb

4 EL Sahne

Salz, Pfeffer

Petersilie

- Grünkernmehl in heißer Butter hellgelb anrösten
- Unter ständigem Rühren mit der Brühe ablöschen und 5 bis 10 Minuten bei mittlerer Hitze kochen lassen
- Mit Salz und Pfeffer würzen
- Eigelb mit der Sahne verrühren
- In die Suppe einrühren, aber nicht mehr kochen lassen
- Mit gehackter Petersilie bestreut servieren.

Dinkel ist eine alte Getreidesorte und der Vorgänger unseres Weizens. Grünkern ist in der Milchreife geernteter Dinkel und besitzt einen würzigen Geschmack, der durch leichtes Anrösten noch verstärkt wird. Grünkern ist als Graupen, Grütze oder Mehl erhältlich. Er wird in Süddeutschland in der Region Neckar-Odenwald, dem so genannten „Bauland", angebaut. Dort werden traditionell viele Gerichte mit diesem Getreide zubereitet.

Fränkische Brennsuppe

Zutaten für 4 Personen

1 1/4 l kräftige Fleischbrühe

1 EL gestoßener Kümmel

Salz, Pfeffer

1/2 TL Majoran

40 g Schweineschmalz

40 g Mehl

- Brühe erhitzen und mit Salz, Pfeffer und Majoran würzen
- Schmalz erhitzen und das Mehl darin bräunlich anrösten („anbrennen")
- Die „Einbrenne" mit einem Schneebesen unter die Brühe rühren
- Suppe gut aufkochen lassen
- Nochmals mit Pfeffer würzen.

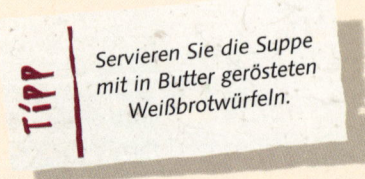

Tipp

Servieren Sie die Suppe mit in Butter gerösteten Weißbrotwürfeln.

Suppe vom Filderkraut

Zutaten für 4 Personen

400 g Spitzkraut
300 g Kartoffeln
1 Zwiebel
30 g Butter
800 ml Gemüsebrühe
100 ml Weißwein
100 ml Sahne
Salz, Pfeffer
8 Blätter Basilikum

Für die Einlage:
100 g Spitzkraut
10 g Butter

- Spitzkraut in Würfel schneiden
- Kartoffeln schälen und würfeln
- Zwiebel schälen und würfeln
- 30 g Butter in einem Topf erhitzen und die Zwiebelwürfel andünsten
- Kartoffel- und Spitzkrautwürfel zugeben und gut durchdünsten
- Mit Gemüsebrühe, Wein und Sahne ablöschen
- 20 bis 30 Minuten leicht kochen lassen
- Mit Salz und Pfeffer würzen
- Die Suppe mit dem Pürierstab pürieren
- Basilikum hacken und zugeben
- Für die Einlage das Spitzkraut in Würfel schneiden und in der Butter andünsten
- Die Suppe in vorgewärmte Teller geben, die Einlage darauf verteilen und mit Weißbrot servieren.

Die fruchtbare Filderebene südlich von Stuttgart ist berühmt für das dort angebaute Filderkraut. Ursprünglich wurde nur Spitzkraut angebaut. Eine industrielle Verarbeitung ist aber nur von Rundkraut möglich. Daher wird Spitzkraut heute nur noch für die Direktvermarktung erzeugt.

Frühlingssuppe
mit Kräutern

Zutaten für 4 Personen

30 g Butter

1/2 Zwiebel

40 g Mehl

250 g gemischte Kräuter wie Kerbel, Kresse, Spinat, Sauerampfer, Petersilie

1 1/4 l kräftige Fleischbrühe

Salz

5 EL Sahne

1 Eigelb

- Kräuter waschen und fein hacken
- Die Zwiebel fein würfeln
- Die Butter in einem Topf zerlassen, die Zwiebel darin gut glasig dünsten
- Mehl dazugeben und gut durchdünsten, das Mehl darf dabei nicht dunkel werden
- Kräuter dazugeben und nochmals dünsten
- Mit der Brühe ablöschen
- 5 bis 10 Minuten kochen lassen
- Mit Salz abschmecken
- Eigelb mit der Sahne verrühren und zugeben, aber nicht mehr kochen lassen
- Suppe mit frischem Weißbrot oder Toast servieren.

Tipp

Am besten schmeckt diese Suppe im Frühjahr mit den ersten Kräutern, die im Garten wachsen. Gut geeignet sind auch Kräuter für Frankfurter Grüne Soße vom Markt.

Sauerampfersuppe

Zutaten für 4 Personen	
125 g Sauerampfer	
1 Zwiebel	
1 Knoblauchzehe	
40 g Butter	
30 g Mehl	
1 l kräftige Fleischbrühe	
100 ml süße Sahne	
Salz, Pfeffer	

- Zwiebel und Knoblauch schälen und fein würfeln
- Butter in einem Topf zerlassen und die Zwiebel- und Knoblauchwürfel darin andünsten
- Mehl darüber stäuben, kurz durchdünsten
- Mit der Brühe ablöschen, Sahne dazugeben und bei mittlerer Hitze 30 Minuten kochen lassen
- Sauerampfer waschen, Stiele entfernen und grob hacken
- Sauerampfer in die Brühe geben und mit einem Mixstab fein pürieren
- Die Suppe nicht mehr aufkochen lassen
- Mit Salz und Pfeffer würzen
- In vorgewärmten Tellern servieren.

Tipp

Sauerampfer nicht aufkochen, sonst verliert er seine frische grüne Farbe und wird grau.

Sauerampfer schmeckt im Frühling am besten. Wenn er blüht, sollte er für die Küche nicht mehr verwendet werden, weil er dann zu viel Oxalsäure enthält. Vom wilden Sauerampfer nur die kleinen Blättchen nehmen.

Karottenrahmsüpple Bild rechts

Zutaten für 4 Personen

400 g Karotten
1 Zwiebel
1 Knoblauchzehe
20 g Butter
1 l kräftige Fleischbrühe
Salz, Pfeffer
Zucker
50 ml Sahne
2 EL Crème fraîche
Schnittlauch

- Karotten schälen und in Würfel schneiden
- Zwiebel und Knoblauch schälen und in Würfel schneiden
- Butter in einem Topf zerlassen, Zwiebel und Knoblauch darin leicht andünsten
- Karotten zugeben und alles nochmals bei mittlerer Hitze dünsten
- Mit der Brühe ablöschen und mit Salz, Pfeffer und einer Prise Zucker würzen
- Etwa 20 Minuten kochen lassen
- Suppe mit dem Mixstab pürieren
- Sahne und Crème fraîche dazugeben, nochmals gut aufschlagen
- Mit Schnittlauchröllchen bestreut servieren.

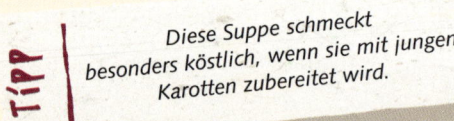

Tipp Diese Suppe schmeckt besonders köstlich, wenn sie mit jungen Karotten zubereitet wird.

Blumenkohlsuppe

Zutaten für 4 Personen

1 kleiner Blumenkohl (400 – 500 g)
30 g Butter
30 – 40 g Mehl
Zitronensaft
Salz
Muskat
1 Eigelb
2 EL Sahne

- Blumenkohl putzen, in Röschen teilen und waschen
- In kochendem Salzwasser kernig weich kochen (sollte sich der Blumenkohl verfärben, eventuell Zitronensaft zugeben)
- Blumenkohl abgießen und das Kochwasser auffangen
- In einem Topf die Butter zerlassen und das Mehl darin leicht anrösten
- Mit dem Kochwasser (1¼ l) ablöschen und 5 bis 10 Minuten kochen lassen
- Die Hälfte des Blumenkohls zugeben und mit dem Mixstab pürieren
- Die Suppe mit Salz und Muskat würzen
- Eigelb mit Sahne verrühren und in die Suppe geben, aber nicht mehr aufkochen lassen
- Restliche Blumenkohlröschen als Einlage in die Suppe geben, eventuell nochmals erhitzen, aber nicht kochen lassen.

Tipp Statt mit Blumenkohl können Sie die Suppe auch mit Brokkoli zubereiten.

Champignoncremesuppe

Zutaten für 4 Personen

300 g Champignons

1 kleine Zwiebel

30 g Butter

30 g Mehl

1 l Brühe

Salz, Pfeffer

Zitronensaft

2 EL Weißwein

1 Eigelb

4 EL Sahne

- Champignons putzen und bei Bedarf waschen (oft genügt das Abreiben mit einem Tuch), aber nicht schälen
- Pilze feinblättrig schneiden
- Zwiebel schälen und in Würfel schneiden
- Butter zerlassen und die Zwiebelwürfel darin glasig dünsten
- Pilze und Zitronensaft zugeben und gut durchdünsten
- Mit Mehl bestäuben und nochmals durchdünsten
- Mit der Brühe ablöschen und 15 Minuten leicht kochen lassen
- Mit Salz und Wein abschmecken
- Eigelb mit Sahne verrühren und zugeben, aber nicht mehr kochen lassen.

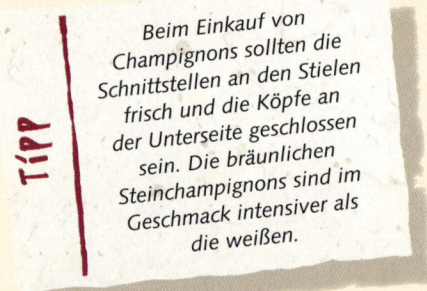

Tipp

Beim Einkauf von Champignons sollten die Schnittstellen an den Stielen frisch und die Köpfe an der Unterseite geschlossen sein. Die bräunlichen Steinchampignons sind im Geschmack intensiver als die weißen.

Von Juni bis Oktober gibt es wilde Champignons in Wald und Wiese, die eine besonders aromatische Suppe ergeben. Doch Vorsicht, verwechseln Sie sie nicht mit Giftpilzen!

Tomatensuppe

Zutaten für 4 Personen
1 kg reife Tomaten
1 Zwiebel
1 Knoblauchzehe
20 g Butter
3/4 l kräftige Fleischbrühe
Salz, Pfeffer
Zucker
20 g weiche Butter
1 EL Mehl
1 EL Crème fraîche
Schnittlauch

- Tomaten waschen, vom Strunk befreien und vierteln
- Zwiebel und Knoblauch schälen und in Würfel schneiden
- Butter in einem Topf zerlassen
- Zwiebelwürfel und Knoblauch darin andünsten
- Tomaten zugeben und mit der Brühe ablöschen
- Etwa 20 Minuten bei mittlerer Hitze kochen lassen
- Suppe durch ein feines Sieb passieren
- Mit Salz, Pfeffer und 1 Prise Zucker würzen
- Mehl mit der weichen Butter verkneten und zum Binden in die Suppe rühren
- Nochmals aufkochen lassen
- Crème fraîche zugeben
- Mit Schnittlauchröllchen bestreut servieren.

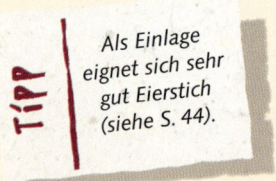

Tipp

Als Einlage eignet sich sehr gut Eierstich (siehe S. 44).

Für diese Suppe sollten Sie sonnengereifte Tomaten aus Freilandanbau bevorzugen. Am besten schmecken natürlich die selbst geernteten aus dem eigenen Garten!

Geflügelcremesuppe

Zutaten für 4 Personen

1/2 Suppenhuhn

Salz

1/2 Zwiebel

1 Karotte

1/4 Stange Lauch

40 g Butter

30 g Mehl

1 Eigelb

100 ml Sahne

3 EL Weißwein

Salz, Pfeffer

Für die Einlage:

200 g Champignons

20 g Butter

Salz, Pfeffer

- Das Suppenhuhn in 1¹/₂ l Wasser mit dem Gemüse kochen wie bei der Geflügelbrühe beschrieben (siehe S. 38), anschließend erkalten lassen
- Das Fleisch von den Knochen lösen, in kleine Würfel schneiden und beiseite stellen
- Butter zerlassen
- Das Mehl in der Butter hellgelb anrösten und mit 1 l Hühnerbrühe ablöschen
- 10 Minuten kochen lassen
- Das Fleisch in die Brühe geben und erhitzen
- Eigelb mit Sahne verrühren und unter die Suppe ziehen, aber nicht mehr kochen lassen
- Mit Weißwein, Salz und Pfeffer abschmecken
- Für die Einlage die Champignons putzen und in Scheiben schneiden
- Butter zerlassen und die Pilze darin andünsten
- Mit Salz und Pfeffer würzen
- Pilze in die Suppe geben und in vorgewärmten Tellern servieren.

In Hofläden oder auf Bauernhöfen gibt es gelegentlich die Möglichkeit, ein „ausgedientes" Legehuhn aus Freiland-haltung als Suppenhuhn zu erwerben. Solch ein Huhn ist mit Sicherheit besser und schmackhafter als ein „Industrie-huhn" aus dem Supermarkt.

Linsen-, Bohnen-
oder Erbsensuppe

Zutaten für 4 Personen

200 g getrocknete Hülsenfrüchte (wahlweise Linsen, Bohnen oder Erbsen)

1 Zwiebel

1 Karotte

1/2 Stange Lauch

40 g Fett

20 g Mehl

1/2 l Brühe

Salz

Essig für Linsensuppe

- Linsen, Bohnen oder Erbsen waschen und über Nacht in 1½ l Wasser einweichen
- Zwiebel und Karotte schälen und in Würfel schneiden
- Lauch waschen und in Würfel schneiden
- Gemüse und Hülsenfrüchte mit dem Einweichwasser zum Kochen bringen und weich garen (Garzeit etwa 1½ Stunden, im Dampfdrucktopf 20 Minuten)
- Erbsen und Bohnen durch ein Sieb passieren, Linsen ganz lassen
- Fett zerlassen
- Mehl im Fett leicht anrösten und mit ¼ l der Brühe ablöschen
- Gemüse zugeben und würzen; Linsensuppe mit etwas Essig abschmecken
- Mit der restlichen Brühe bis zur gewünschten Konsistenz verdünnen
- In vorgewärmten Tellern servieren.

Hülsenfrüchte haben einen hohen Nährwert und sind besonders eiweißreich. Suppen aus getrockneten Hülsenfrüchten, die sich lange lagern lassen, sind daher ein klassisches Wintergericht mit einer weit zurückreichenden Tradition.

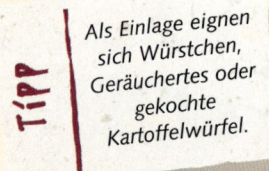

Tipp

Als Einlage eignen sich Würstchen, Geräuchertes oder gekochte Kartoffelwürfel.

Allgäuer Käsesuppe

Zutaten für 4 Personen

50 g Butter

40 g Mehl

1 l kräftige Fleischbrühe

200 g geriebener Allgäuer
Emmentaler

150 ml Sahne

1 Lorbeerblatt

100 ml Weißwein

geröstete Weißbrotwürfel

Schnittlauch

- Butter in einem Topf zerlassen, das Mehl darin hellgelb anrösten
- Mit der Fleischbrühe ablöschen und aufkochen lassen
- Den Käse unter Rühren einstreuen
- Sahne, Lorbeerblatt und Weißwein dazugeben
- Suppe 5 bis 10 Minuten ziehen lassen
- Lorbeerblatt entfernen
- Mit gerösteten Brotwürfeln und Schnittlauch bestreut servieren.

Aus dem Allgäu stammen viele gehaltvolle Rezepte wie diese Suppe, denn die Arbeit auf den Allgäuer Almen war hart und die Mahlzeiten mussten besonders kräftigend sein.

Frankfurter Bohnensuppe

Zutaten für 4 Personen

400 g weiße Bohnen

3/4 l Fleischbrühe

1 Bd Suppengrün

Salz, Pfeffer

Für die Einlage:

150 g durchwachsener Räucherspeck

1 Zwiebel

4 Frankfurter Würstchen

1/2 Bd Petersilie

- Bohnen im Topf mit 1 l Wasser übergießen und über Nacht stehen lassen
- Am nächsten Tag die Fleischbrühe dazugeben, erhitzen und etwa 50 Minuten kochen lassen
- Suppengrün waschen, putzen und klein schneiden, dazugeben und weitere 30 Minuten kochen lassen
- Den Speck in kleine Würfel schneiden
- Zwiebel schälen und in kleine Würfel schneiden
- Speck in einer Pfanne anrösten
- Zwiebelwürfel dazugeben und goldgelb dünsten
- Suppe durch ein Sieb passieren und würzen
- Speck-Zwiebel-Mischung in die Suppe geben
- Würstchen in Scheiben schneiden und in der Suppe erhitzen
- Mit gehackter Petersilie bestreut servieren.

Die Frankfurter Bohnensuppe ist bis über die Landesgrenzen bekannt. Man kann sie heutzutage sogar in vielen amerikanischen Kochbüchern finden.

Tipp

Wer mag, kann die Suppe mit etwas Thymian oder Majoran würzen. Diese Kräuter unterstützen auch die Verdauung.

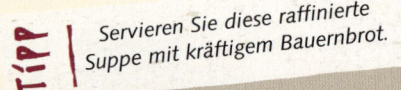

Tipp | Servieren Sie diese raffinierte Suppe mit kräftigem Bauernbrot.

Hamburger Aalsuppe

Zutaten für 4 Personen

150 g Backpflaumen

150 g getrocknete Apfelringe

1 Schinkenknochen (500 g)

2 Karotten

1/4 Sellerieknolle

1/2 Stange Lauch

1 Petersilienwurzel

1/2 Bd Petersilie

1 TL Salbei

1 TL Thymian

1 TL Basilikum

500 g küchenfertiger Aal

Salz, Pfeffer

5 Pfefferkörner

1/4 l Weißweinessig

2 Schalotten

1/4 l Weißwein

Zitronenschale

1 EL Zucker

40 g Butter

1 EL Mehl

Für die Schwemmklößchen:

1/4 l Milch

Salz

40 g Butter

125 g Mehl

2 Eier

Muskatnuss

- Backpflaumen und Apfelringe über Nacht in 1/2 l Wasser einweichen
- Schinkenknochen in 1 1/2 l Wasser geben und knapp 2 Stunden leicht kochen lassen
- Karotten, Sellerie, Lauch und Petersilienwurzel putzen und in Stücke schneiden
- Kräuter waschen und hacken
- Gemüse und Kräuter nach 1 1/2 Stunden Kochzeit zum Schinkenknochen geben und alles zusammen noch 1/2 Stunde kochen lassen
- Knochen aus dem Sud entfernen
- 1/4 l Wasser mit dem Weinessig, den geschälten Schalotten, Salz und Pfefferkörnern zum Kochen bringen
- Den Aal häuten, in etwa 4 cm lange Stücke schneiden und in etwa 15 Minuten im Sud gar ziehen lassen
- In einem Topf Weißwein, Zitronenschale und Zucker aufkochen
- Das eingeweichte Obst bei mittlerer Hitze 20 Minuten darin kochen
- Butter und Mehl verkneten, unter Rühren in die heiße Schinkenbrühe geben und etwa 5 Minuten kochen lassen
- Mit Salz und Pfeffer abschmecken
- Für die Einlage Milch, Salz, geriebene Muskatnuss und Butter in einem Topf aufkochen lassen
- Mehl auf einmal zugeben und zu einem Kloß abrühren
- Erst ein Ei unter die heiße Masse rühren, dann das zweite dazugeben und zu einem glatten Teig schlagen
- Mit zwei Teelöffeln Klößchen aus dem Teig abstechen und in der Schinkenbrühe etwa 10 Minuten gar ziehen lassen
- In eine Terrine erst das Obst mit Sud, dann die Schinkenbrühe mit Gemüse und Schwemmklößchen und zum Schluss die Aalstücke geben.

Hamburger Aalsuppe ist ein besonderer Genuss für Feinschmecker und ein typisches Landesgericht, in dem sich Süßes und Pikantes harmonisch vereinen. Es gibt auch hier viele verschiedene Rezepte. Natürlich schwört jede Hausfrau auf ihr eigenes.

Fischsuppe

Zutaten für 4 Personen

200 g Goldbarschfilet

200 g Seelachsfilet

100 g Krabben

Zitronensaft

Salz, Pfeffer

500 g Tomaten

1 Zwiebel

1 Knoblauchzehe

200 g Spinat

2 Karotten

1 Stange Lauch

20 g Butter

1/2 l kräftige Fischbrühe

200 g Crème fraîche

2 EL gehackte Petersilie

- Fischfilets in Stücke schneiden
- Mit den Krabben in eine Schüssel geben und mit Zitronensaft und Pfeffer würzen
- Zugedeckt im Kühlschrank ziehen lassen
- Tomaten mit heißem Wasser übergießen, häuten, entkernen und in kleine Stücke schneiden
- Zwiebel und Knoblauch schälen und in kleine Würfel schneiden
- Spinat waschen und in Streifen schneiden
- Karotten schälen und in dünne Scheiben schneiden
- Lauch halbieren, waschen und in Streifen schneiden
- Butter in einem Topf zerlassen
- Zwiebel- und Knoblauchwürfel glasig dünsten
- Karotten und Lauch zugeben und gut durchdünsten
- Tomatenstücke, Fischbrühe und Crème fraîche dazugeben, aufkochen lassen und etwa 5 Minuten bei leichter Hitze ziehen lassen
- Fisch, Krabben und Spinat zugeben und nochmals 10 Minuten ziehen lassen
- Mit Salz und Pfeffer abschmecken
- In vorgewärmten Tellern mit gehackter Petersilie servieren.

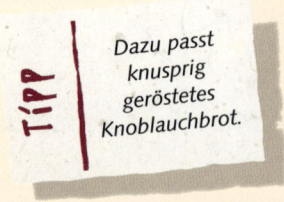

Tipp

Dazu passt knusprig geröstetes Knoblauchbrot.

Fasanensuppe

Zutaten für 4 Personen

250 g Wildknochen (ersatzweise Rinderknochen)

Reste vom Fasan (Beine,
Flügel, Knochen)

1 Bd Suppengrün

1 kleine Zwiebel

1 Knoblauchzehe

1 Prise Zucker

etwas Basilikum

4 Wacholderbeeren

2 l Wasser

1 Glas trockener Sherry

1/2 Bd Petersilie

- Suppengrün putzen und mit Küchengarn zusammenbinden
- Wildknochen waschen und zusammen mit den Fasanenresten sowie dem Suppengrün in gesalzenes kaltes Wasser geben und erhitzen
- Zwiebel schälen und klein schneiden, Knoblauchzehe schälen und durch die Presse drücken
- Beides mit den anderen Gewürzen hinzugeben, aufkochen und bei reduzierter Hitze 90 Minuten köcheln lassen
- Fasanenteile und Wildknochen aus der Suppe nehmen, Fleisch von den Knochen lösen und würfeln
- Suppengrün ebenfalls herausnehmen und klein schneiden, übrige Brühe durch ein Sieb zurück in den Topf geben
- Fleisch und Suppengrün wieder darin erhitzen, mit Sherry abschmecken
- Die Petersilie fein hacken und darüber streuen
- Nochmals abschmecken und mit einer Scheibe frischem Weißbrot heiß servieren.

Tipps

Das Verhältnis Wildknochen zu Fasanenresten lässt sich beliebig variieren, je nachdem wie viele Fasane man zuvor zubereitet oder gegessen hat.
Aus den gleichen Zutaten lässt sich auch eine klare Fasanensuppe zubereiten, wenn man die fertige Brühe durch ein Sieb gibt, mit dem Schneebesen ein Eiweiß darin aufschlägt und die Brühe unter ständigem Rühren erhitzt. Nochmals durch ein Tuch geben und dann erst Fleisch und Suppengrün hinzugeben.

Schaut man in alte Wildkoch- und Jägerbücher, waren früher Wildgeflügelsuppen auf dem Sonntagstisch Tradition. Hierbei standen aber nicht nur Fasan und Taube auf dem Speiseplan, sondern auch aus Jungkrähen, Krammetsvögeln (Drosseln) und Eichelhähern wurden Suppen zubereitet.

Hasensuppe französisch

Zutaten für 4 Personen

500 g tiefgefrorenes
Hasenklein (Hasenpfeffer)

1 Dose Champignons
(250 g)

1 Zwiebel

2 Lorbeerblätter

4 Nelken

einige Pfefferkörner
und Wacholderbeeren

Salz

30 g Butter

30 g Mehl

1 EL scharfer Senf

2 EL Johannisbeergelee

1 Schnapsglas Madeira

Saft einer Orange

1 EL Zitronensaft

1/8 l Sahne

abgeriebene Schale einer
unbehandelten Orange

- Hasenklein auftauen lassen, mit kaltem Wasser abspülen und abtropfen lassen
- Zwiebel schälen und mit Lorbeerblättern und Nelken spicken
- Pfefferkörner und Wacholderbeeren zerdrücken
- 1 l Wasser in einem Topf erhitzen und aufkochen lassen, dann Gewürze und Salz sowie Fleisch hinzugeben
- Bei mittlerer bis geringer Hitze zugedeckt etwa 60 Minuten kochen
- Champignons abtropfen lassen und halbieren
- Das Fleisch aus der Brühe nehmen, von den Knochen lösen und klein würfeln, Brühe durch ein Sieb geben
- Butter in einem Topf erhitzen, Mehl unter Rühren hinzugeben, drei Minuten bräunen lassen, mit Brühe aufgießen und 5 Minuten kochen lassen
- Senf, Johannisbeergelee, Madeira, Orangen- und Zitronensaft verrühren, in die Brühe geben und bis kurz vor dem Kochen erhitzen
- Fleischstücke und die halbierten Champignons zusammen mit der Flüssigkeit dazugeben und unterrühren
- Sahne leicht schlagen und vorsichtig unterheben
- Die Hasensuppe mit geriebener Orangenschale bestreuen und zusammen mit frischem Landbrot servieren.

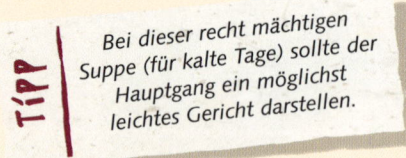

Tipp Bei dieser recht mächtigen Suppe (für kalte Tage) sollte der Hauptgang ein möglichst leichtes Gericht darstellen.

Pikante Kefirsuppe

Zutaten für 4 Personen

500 g Kefir

100 g Crème fraîche

150 ml kräftige Gemüsebrühe

250 g Salatgurke

4 mittelgroße Tomaten

1 EL Basilikum

1 EL Dill

1 EL Schnittlauch

1 EL Petersilie

Salz

schwarzer Pfeffer

1 kleine Knoblauchzehe

Für die Einlage:

1/2 rote Paprika

1/2 grüne Paprika

4 Schalotten

- Salatgurke schälen und grob zerkleinern
- Bei den Tomaten den Strunk herausschneiden, über Kreuz einritzen und in kochendem Wasser 2 bis 3 Minuten blanchieren, dann häuten, halbieren und entkernen
- Gurken- und Tomatenstücke zusammen im Mixer pürieren
- Gemüsebrühe, Crème fraîche und Kefir zugeben und vermischen
- Kräuter hacken und zugeben
- Knoblauch häuten und zerdrücken
- Mit Salz, Pfeffer und Knoblauch abschmecken
- Suppe im Kühlschrank gut durchziehen lassen
- Paprika und Schalotten klein schneiden und kurz vor dem Servieren zugeben
- Mit knusprigem Weißbrot servieren.

Tipp

Gehäutete Tomaten können problemlos entkernt werden: Tauchen Sie die halbierte Tomate mit der Hand in eine Schüssel mit kaltem Wasser und drücken Sie sie zusammen. Ein großer Teil der Kerne wird so entfernt und Sie behalten nur das Fruchtfleisch übrig.

Milchkefir ist von Asien über Osteuropa nach Deutschland gelangt. Er ist, anders als Jogurt, auch für Menschen geeignet, die an einer Milchzuckerunverträglichkeit leiden.

Gurkenkaltschale

Zutaten für 4 Personen

2 Salatgurken à 500 – 600 g

Salz

Dill

200 g Jogurt

1 EL saure Sahne

Zitronensaft

- Gurken schälen, halbieren, Kerne entfernen und in Stücke schneiden
- Ewas Salz über die Gurken streuen und etwa 1 Stunden kalt stellen
- Gurken mit Saft im Mixer pürieren
- Jogurt, Dill und Sahne zugeben, mit Salz und Zitronensaft abschmecken
- Suppe eiskalt mit gehacktem Dill anrichten.

Freilandgurken werden in Deutschland vor allem in Papenburg, am Niederrhein und auf der Insel Reichenau angebaut. Die Hauptsaison ist im August.

Tipp

Verwenden Sie möglichst Gurken aus dem Freiland. Als Einlage passt sehr gut in kleine Würfel geschnittener Räucherlachs.

Pommersche Biersuppe

Zutaten für 4 Personen
3/4 l helles Bier
1/2 Stange Zimt
abgeriebene Zitronenschale
1 Msp Kardamom
1/4 l Milch
3 EL Zucker
3 Eigelb
1 EL Stärkemehl
2 Scheiben Toastbrot

- Bier, Zimt, Zitronenschale und Kardamom erhitzen
- Milch, Zucker, Eigelb und Stärkemehl in einer kleinen Schüssel verrühren
- Zimtstange aus dem Bier entfernen
- Milchmischung in das heiße Bier rühren, aber nicht mehr aufkochen lassen
- Toastbrot rösten und diagonal teilen
- Suppe in Teller oder Tassen gießen und mit den Brotdreiecken garniert servieren.

Tipp

Diese Suppe ist ein guter Seelenwärmer für kalte Tage. Sie können sie auch mit Rosinen oder mit Arrak verfeinern.

Biersuppe ist typisch für alle Gegenden, in denen es viele Brauereien gibt. Bei den Bundesländern führt Bayern die Statistik an, gefolgt von Baden-Württemberg und Nordrhein-Westfalen. Berühmt für seine hohe Brauereidichte ist Franken, wo es noch zahlreiche kleine Familienbrauereien mit hervorragenden Bieren gibt.

Pfälzer Weinsuppe

Zutaten für 4 Personen

1 l guter, würziger Pfälzer
Weißwein

60 g Zucker

1 EL Zitronensaft

1 Stange Zimt

1 EL Speisestärke

2 Eigelb

1/8 l Sahne

Für die Einlage:

4 Scheiben Weißbrot

etwas Butter zum Rösten

- Wein mit Zucker, Zitronensaft und Zimtstange zum Kochen bringen
- Zimt herausnehmen
- Speisestärke mit 2 EL kaltem Wasser anrühren und in den kochenden Wein geben
- Gut mit einem Schneebesen umrühren und aufkochen lassen
- Eigelb mit der Sahne verquirlen und in die Suppe einrühren, nicht mehr aufkochen lassen
- Für die Einlage die Brotscheiben in Würfel schneiden und in der heißen Butter goldgelb anrösten
- Suppe mit den gerösteten Weißbrotwürfeln servieren.

Die Pfalz gehört zu den bedeutendsten Weinanbaugebieten Deutschlands. Nahezu ein Viertel aller Weine werden in der Pfalz erzeugt. Klar, dass aus dieser Gegend auch viele köstliche Rezepte mit Wein stammen.

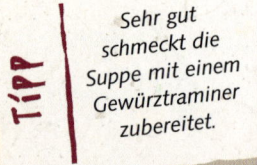

Tipp

Sehr gut schmeckt die Suppe mit einem Gewürztraminer zubereitet.

Schwäbische Mostsuppe

Zutaten für 4 Personen

1 l Most

100 g Zucker

abgeriebene Schale von 1/2 Zitrone

3 Eigelb

1 EL Stärkemehl

- Eigelb mit Stärkemehl und 3 EL Most verrühren
- Restlichen Most, Zucker und Zitronenschale erhitzen
- Eigelbmischung unter den heißen Most rühren, nicht mehr aufkochen lassen
- In Teller verteilen und heiß servieren.

Am Rande der Schwäbischen Alb gibt es viele Streuobstwiesen. Apfel-, Birnen-, Kirsch-, und Zwetschgenbäume bestimmen das Landschaftsbild. Apfel- und Birnensorten, die nicht als Tafelobst geeignet sind, werden zum Hausgetränk, dem Most, verarbeitet. Fast jeder Grundstücksbesitzer hat sein Fässle Most im Keller.

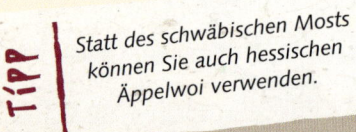

Tipp

Statt des schwäbischen Mosts können Sie auch hessischen Äppelwoi verwenden.

Kartoffeleintopf
mit Wurst oder Rindfleisch

Zutaten für 4 Personen

50 g durchwachsener Speck

1 Zwiebel

2 Karotten

1/4 Sellerieknolle

1 Stange Lauch

750 g Kartoffeln

1 1/2 l Fleischbrühe

Salz, Pfeffer

Majoran

4 Wiener Würstchen

Petersilie

- Speck in kleine Würfel schneiden
- Zwiebel schälen und klein hacken
- Karotten und Sellerie waschen, schälen und in kleine Würfel schneiden
- Lauch halbieren, waschen und in kleine Stücke schneiden
- Kartoffeln waschen, schälen und in Würfel schneiden
- Speck in einem Topf anbraten, Zwiebelwürfel und das klein geschnittene Gemüse darin andünsten
- Kartoffelwürfel dazugeben, mitdünsten und mit der Brühe ablöschen
- Mit Salz, Pfeffer und Majoran würzen und etwa 20 Minuten kochen lassen
- Würstchen in Stücke schneiden und 5 Minuten im Eintopf ziehen lassen
- Mit gehackter Petersilie bestreut servieren.

Variante

Als Einlage schmeckt auch gekochtes Rindfleisch. Dieses wird in kleine Würfel geschnitten und anstelle der Würstchen zugegeben.

Bauernsuppe

Zutaten für 4 Personen

30 g Fett

1 Zwiebel

200 g durchwachsener Speck

500 g Weißkraut

1 1/2 l Fleischbrühe

500 g Kartoffeln

Salz, Pfeffer

1/2 TL Kümmel

100 ml Sahne

- Zwiebel schälen und in kleine Würfel schneiden
- Speck würfeln
- Weißkraut putzen und in Streifen schneiden
- Kartoffeln waschen, schälen und würfeln
- Fett in einem Topf zerlassen und die Zwiebelwürfel darin glasig dünsten
- Speckwürfel dazugeben und mitdünsten
- Weißkraut dazugeben und ebenso mitdünsten
- Mit der Brühe ablöschen
- Mit Salz, Pfeffer und Kümmel würzen und etwa 20 Minuten kochen lassen
- Kartoffelwürfel zugeben und nochmals 20 Minuten weiterkochen
- Sahne unterrühren und servieren.

Weißkraut wird in verschiedenen Regionen Deutschlands angebaut. Schwerpunkte liegen in Schleswig-Holstein (Dithmarschen, Glückstadt, Insel Fehmarn), in Niedersachsen, Niederbayern, Franken, Baden-Württemberg (Filderebene) und am Niederrhein.

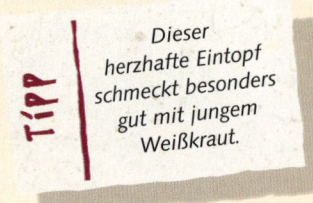

Tipp

Dieser herzhafte Eintopf schmeckt besonders gut mit jungem Weißkraut.

Linseneintopf
mit Würstchen

Zutaten für 4 Personen

300 g Linsen

1 Karotte

1/4 Knollensellerie

1/2 Stange Lauch

40 g Fett

1 Zwiebel

20 g Mehl

Salz

2 EL Essig

1/2 l Fleischbrühe

250 g Kartoffeln

4 Wiener Würstchen

- Linsen über Nacht in 1 l kaltem Wasser einweichen
- Karotte, Sellerie und Lauch putzen und in kleine Würfel schneiden
- Linsen mit dem Einweichwasser und dem klein geschnittenen Gemüse etwa 1 Stunde kochen
- Kartoffeln waschen, schälen und in Würfel schneiden
- Zwiebel schälen und fein würfeln
- Fett in einem Topf zerlassen, das Mehl braun anrösten, Zwiebelwürfel zugeben und mitrösten
- Mit der Brühe ablöschen und etwa 10 Minuten durchkochen lassen.
- Linsen und Kartoffelwürfel zugeben und weitere 15 Minuten garen
- Mit Salz und Essig abschmecken
- Würstchen in Scheiben schneiden, in dem Eintopf erhitzen und servieren.

In Deutschland wurden Linsen bis zum Anfang des 20. Jahrhunderts auf den kalkhaltigen Böden der Mittelgebirge und auf Löss-standorten angebaut. Aus diesen Gegenden stammen daher auch viele Rezepte mit den nahrhaften Hülsenfrüchten. Heute werden sie vor allem aus Asien importiert.

Tipp

Dieser Eintopf ist sehr sättigend und besonders für die Winterküche geeignet. Die Garzeit der Linsen verkürzt sich auf 20 Minuten, wenn Sie den Dampfdrucktopf benutzen.

Pichelsteiner

Zutaten für 4 Personen

500 g Rindfleisch

1 Zwiebel

Salz, Pfeffer

250 g Sellerieknolle

300 g Karotten

2 Petersilienwurzeln

1 Stange Lauch

1/4 Weißkraut

500 g Kartoffeln

30 g Fett

3/4 l Fleischbrühe

Petersilie

- Fleisch in gleichmäßig große Würfel schneiden
- Zwiebel schälen und fein würfeln
- Sellerie, Petersilienwurzel, Karotten und Kartoffeln schälen, waschen und in gleichmäßige Würfel schneiden
- Lauch halbieren, waschen und in gleichmäßige Stücke schneiden
- Weißkraut in gleichmäßige Würfel schneiden
- Fett in einem Topf zerlassen, Fleisch und Zwiebelwürfel zugeben und anbraten
- Sellerie, Karotten und Wurzelpetersilie auf das Fleisch geben, Lauch und Krautwürfel darauf verteilen
- Zum Schluss die Kartoffelwürfel obenauf legen
- Mit Salz und Pfeffer würzen
- Brühe aufgießen und mit geschlossenem Topfdeckel etwa 1 Stunde garen
- Mit gehackter Petersilie bestreut servieren.

Tipp

Für dieses Gericht eignet sich der Dampfdrucktopf sehr gut. Die Garzeit verkürzt sich dann auf 10 Minuten. Schichten Sie den Eintopf so, dass die Gemüsearten mit der längsten Garzeit direkt auf das Fleisch kommen, die mit der kürzesten zuletzt. Den Abschluss bilden immer die Kartoffeln.

Dieser Eintopf wurde vermutlich nach dem Ort Büchelstein, der im Bayerischen Wald liegt, benannt. Reichskanzler Bismarck soll dieses Gericht während seiner Kur in Bad Kissingen mit Vorliebe gegessen haben.

Karotteneintopf
mit Schweinebauch   Bild rechts

Zutaten für 4 Personen

400 g Schweinebauch

1 Zwiebel

Salz, Pfeffer

Paprikapulver

750 g Karotten

750 g Kartoffeln

1/2 l Fleischbrühe

Petersilie

- Schweinebauch in Würfel schneiden
- Zwiebel schälen und würfeln
- Karotten und Kartoffeln waschen, schälen und in gleichmäßige Würfel schneiden
- Schweinebauch ohne zusätzliches Fett in einem Topf anbraten, Zwiebelwürfel und Gewürze zugeben und gut durchbraten
- Karotten und Kartoffeln kurz mit durchbraten, dann mit der Brühe ablöschen und etwa 1/2 Stunde kochen lassen
- Abschmecken und mit gehackter Petersilie bestreut servieren.

Laucheintopf

Zutaten für 4 Personen

750 g Kartoffeln

750 g Lauch

400 g Kasseler

30 g Fett

1/2 l Brühe

Salz

Paprikapulver

Petersilie

- Kartoffeln waschen, schälen und in gleichmäßige Scheiben schneiden
- Lauch halbieren, waschen und in gleichmäßige Stücke schneiden
- Fleisch in Würfel schneiden
- Fett in einem Topf zerlassen und den Lauch darin andünsten
- Kartoffeln, Lauch und Fleisch lagenweise in einen Topf schichten
- Die Brühe angießen und alles etwa 45 Minuten garen
- Mit Salz und Paprikapulver abschmecken
- Mit gehackter Petersilie bestreut servieren.

Gaisburger Marsch

Zutaten für 4 Personen

500 g Siedfleisch

1 Zwiebel

1 Karotte

1/4 Sellerieknolle

1/2 Stange Lauch

Salz

1/2 TL Pfefferkörner

1 Lorbeerblatt

500 g Kartoffeln

Für die Spätzle:

250 g Mehl

2 Eier

1/2 TL Salz

Für die Schmälze:

1 Zwiebel

30 g Butter

Schnittlauch

- Fleisch in 1 1/2 l kochendes Salzwasser geben, abschäumen
- Gemüse putzen und in grobe Stücke schneiden
- Zum Fleisch geben und etwa 1 1/2 Stunden kochen
- Kartoffeln waschen, schälen und in Schnitze schneiden
- Für die Spätzle aus Mehl, Eiern, Salz und knapp 1/8 l Wasser einen glatten Teig schlagen und 30 Minuten quellen lassen
- Die Kartoffeln in Salzwasser garen und abgießen
- In einem großen Topf leicht gesalzenes Wasser zum Kochen bringen
- Eine Schüssel mit warmem Salzwasser bereitstellen
- Spätzleteig portionsweise in einen Spätzledrücker füllen und ins kochende Salzwasser drücken
- Wenn sie wieder an die Oberfläche kommen, mit einem Schaumlöffel herausnehmen, im warmen Salzwasser schwenken und abtropfen lassen
- Zwiebel schälen und würfeln
- Butter zerlassen und die Zwiebelwürfel darin goldgelb braten
- Brühe abseihen und das Fleisch in Würfel schneiden
- Brühe aufkochen, abschmecken und in eine Terrine füllen
- Kartoffeln, Fleischwürfel und Spätzle dazugeben
- Mit der Zwiebelschmälze und Schnittlauchröllchen bestreut servieren.

Gaisburg, ein Stadtteil von Stuttgart, hat diesem schwäbischen Nationalgericht seinen Namen gegeben. Es gibt verschiedene Versionen. Eine davon erzählt Folgendes: Nach einem Krieg wurden die Männer von Gaisburg inhaftiert. Den Frauen wurde erlaubt, ihren Männern das Essen zu bringen, aber nur in einem Topf. Sie waren klug und kochten kurzerhand alle nahrhaften Zutaten zusammen als Eintopf.

Gemüseeintopf
mit Fleischklößchen

Zutaten für 4 Personen

Für den Gemüseeintopf:

1 Zwiebel

20 g Butter

300 g Kohlrabi

300 g Sellerieknolle

400 g Kartoffeln

500 g Blumenkohl

2 Tomaten

Salz, Pfeffer

1 l kräftige Fleischbrühe

3 EL gemischte Kräuter
(Basilikum, Petersilie,
Schnittlauch)

Für die Fleischklößchen:

250 g Hackfleisch

1 Ei

1/2 Zwiebel

1 EL Butter

3 EL Semmelbrösel

Salz, Pfeffer

Paprika

- Zwiebel schälen und fein würfeln
- Kohlrabi, Sellerie und Kartoffeln waschen, schälen und würfeln
- Blumenkohl in Röschen teilen und kurz waschen
- Butter in einem Topf zerlassen und die Zwiebelwürfel darin glasig dünsten
- Sellerie und Kartoffeln zugeben, kurz mitdünsten und die heiße Brühe angießen
- Kohlrabi und Blumenkohl zugeben und etwa alles 15 Minuten garen
- Für die Fleischklößchen 1/2 Zwiebel würfeln und in Butter glasig dünsten
- Hackfleisch, Ei, Semmelbrösel, Zwiebelwürfel und Gewürze zu einem geschmeidigen Teig arbeiten
- Mit nassen Händen walnussgroße Klößchen formen und in leicht kochendem Salzwasser 10 Minuten garen
- Tomaten an der Rundung kreuzweise einschneiden, blanchieren, häuten und vierteln
- Gemüseeintopf mit Salz und Pfeffer abschmecken
- Klößchen und Tomatenachtel dazugeben
- Mit gehackten Kräutern servieren.

Brotsuppe
von der Schwäbischen Alb

Zutaten für 4 Personen

1 Zwiebel

50 g geräucherter Schweinebauch

30 g Schweineschmalz

100 g älteres Brot (Weiß- und Schwarzbrot)

1 Prise Kümmel

1 1/2 l Fleischbrühe

Salz, Pfeffer

Muskat

1 Ei

200 g Fleischwurst

- Zwiebel schälen und in kleine Würfel schneiden
- Bauchfleisch ebenfalls fein würfeln
- Schmalz in einem Topf zerlassen, Zwiebel und Bauch darin anbraten
- Brot in Würfel schneiden und mit dem Kümmel dazugeben, zusammen durchschmoren
- Mit der Brühe auffüllen und etwa 20 Minuten kochen lassen, dabei immer wieder umrühren
- Mit Salz, Pfeffer und Muskat würzen
- Das Ei verquirlen und in die Suppe einrühren
- Mit in Scheiben geschnittener Fleischwurst servieren.

Die sparsamen Älbler haben natürlich Brotreste niemals weggeworfen, sondern zum Beispiel zu dieser herzhaften Suppe verarbeitet. Auch andere Rezepte, bei denen altbackenes Brot verwertet wird, kommen aus Schwaben: Zum Beispiel der süße Ofenschlupfer, bei dem Weißbrotschnitten mit Äpfeln, Mandeln und Eiermilch gebacken werden.

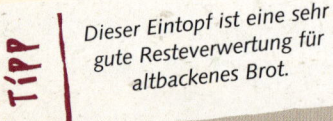

Tipp

Dieser Eintopf ist eine sehr gute Resteverwertung für altbackenes Brot.

Hamburger National

Zutaten für 4 Personen
50 g Schinkenspeck
500 g Schweinenacken
2 Zwiebeln
Salz, Pfeffer
2 Steckrüben à 500 g
1/2 l Fleischbrühe
500 g Kartoffeln
1 Lorbeerblatt
1 Nelke
1 Prise Zucker
1/2 Bd Petersilie

- Schinkenspeck und Fleisch würfeln
- Zwiebeln schälen und würfeln
- Speck in einem Topf auslassen, Zwiebelwürfel zugeben und goldbraun braten
- Fleischwürfel zugeben und gut anbraten
- Mit Salz und Pfeffer würzen und zugedeckt 10 Minuten schmoren
- Rüben schälen, waschen, vierteln und in Stifte schneiden
- Fleisch mit der Brühe aufgießen und die Rüben mit dem Lorbeerblatt und der Nelke dazugeben
- 30 Minuten kochen lassen
- Kartoffeln waschen, schälen und in Stifte schneiden
- In Salzwasser etwa 15 Minuten garen
- Kartoffeln abgießen und zum Fleisch geben
- Mit Salz und Zucker abschmecken
- Mit gehackter Petersilie bestreut servieren.

Steckrüben gehören unbedingt in dieses Hamburger Nationalgericht. Es gibt sie nur im Winter. Deshalb ist dieser Eintopf
ein typisches Wintergericht.

Lammeintopf
mit Bohnen und Zucchini

Zutaten für 4 Personen

400 g Lammfleisch aus der Schulter

2 Fleischknochen

1 Zwiebel

Salz

1 TL Pfefferkörner

500 g grüne Bohnen

300 g Kartoffeln

250 g Zucchini

1 Zwiebel

50 g Speck

1 EL Butterschmalz

1/2 Bd Petersilie

- 1¼ l Salzwasser zum Kochen bringen
- Lammfleisch und Knochen dazugeben und aufkochen lassen, mehrmals abschäumen
- Zwiebel schälen und vierteln
- Pfefferkörner und Zwiebel zum Fleisch geben und 1½ Stunden kochen lassen, dann vom Herd nehmen
- Fleisch in der Brühe ruhen lassen
- Bohnen waschen und putzen
- Zucchini waschen, Enden abschneiden und in Scheiben schneiden
- Fleisch aus der Brühe nehmen und würfeln, Brühe abseihen
- Die Brühe aufkochen, Bohnen und Kartoffeln darin 10 Minuten garen
- Die Zucchinischeiben zugeben und alles weitere 5 Minuten garen
- Speck und Zwiebel fein würfeln und in Butterschmalz knusprig braten
- Fleisch zu den Bohnen und Kartoffeln geben, nochmals erhitzen
- Eintopf mit Speck, Zwiebeln und gehackter Petersilie bestreut servieren.

Im Norden Deutschlands gibt es besonders viele Schafe, die den Deichbewuchs kurz halten. Aus Norddeutschland stammt auch dieses deftige Rezept.

Gulaschsuppe
mit Kartoffeln

Zutaten für 4 Personen

400 g mageres
Ochsenfleisch

40 g Öl

4 Zwiebeln

1 Knoblauchzehe

2 TL Rosenpaprika

Salz, Pfeffer

20 g Mehl

Majoran

Kümmel

2 EL Tomatenmark

1 1/2 l Brühe

100 ml Rotwein

400 g Kartoffeln

4 EL Sahne

- Ochsenfleisch in gleichmäßige Würfel schneiden
- Zwiebeln und Knoblauch schälen und würfeln
- Brühe erhitzen
- Öl in einem Topf erhitzen, Fleischwürfel darin gut anbraten
- Zwiebeln und Knoblauch zugeben und alles gut durchbraten
- Mehl darüber stäuben und mitrösten
- Gewürze und Tomatenmark zugeben und kurz durchdünsten
- Mit Rotwein und kochender Brühe ablöschen und bei mäßiger Hitze 1¼ Stunden kochen lassen
- Kartoffeln waschen, schälen und in Würfel schneiden
- Zum Fleisch geben und 15 Minuten weiterkochen
- Suppe abschmecken, Sahne unterrühren und servieren.

Tipp

Dies ist ein idealer Partyeintopf, der gut vorbereitet und lange warm gehalten werden kann.

Winzertopf

Zutaten für 4 Personen

500 g Rindfleisch aus der Schulter

50 g Butterschmalz

1 Zwiebel

1 Knoblauchzehe

1 Tasse Rotwein

400 g Weißkraut

200 g Karotten

200 g Sellerieknolle

1 Stange Lauch

1 l Fleischbrühe

Salz, Pfeffer

1 Lorbeerblatt

250 g Kartoffeln

1/2 Bd Petersilie

- Das Fleisch würfeln
- Zwiebel und Knoblauchzehe schälen und fein hacken
- Butterschmalz in einem Topf erhitzen, Fleischwürfel darin gut anbraten
- Zwiebel und Knoblauch dazugeben und gut durchbraten
- Mit Rotwein ablöschen
- Das Gemüse waschen, putzen und klein schneiden
- Zum Fleisch geben, mit der Brühe aufgießen und würzen
- 50 Minuten bei mittlerer Hitze kochen lassen
- Kartoffeln waschen, schälen, würfeln und zum Fleisch geben
- 10 Minuten weiterkochen
- Lorbeerblatt entfernen, abschmecken und mit gehackter Petersilie bestreut servieren.

Tipp

Es empfiehlt sich, zum Kochen einen guten Wein zu verwenden, zum Beispiel den, der zum Essen auch getrunken werden soll.

Fischeintopf
mit Seelachsfilet und Fenchel

Zutaten für 4 Personen

600 g Seelachsfilet

3 Zwiebeln

1 Knoblauchzehe

1 Zucchini

1 Fenchelknolle

2 EL Öl

1 Dose geschälte Tomaten (850 ml)

1/2 l kräftige Fischbrühe

Zitronensaft

Salz, Pfeffer

4 Scheiben Weißbrot

1 Knoblauchzehe

- Seelachsfilet in mundgerechte Stücke schneiden
- Zwiebeln und Knoblauchzehe schälen und hacken
- Zucchini und Fenchelknolle waschen, halbieren und in Scheiben schneiden
- Öl in einem Topf erhitzen, Zwiebel und Knoblauch darin anbraten
- Zucchini und Fenchel zugeben und mitbraten
- Die geschälten Tomaten in Stücke schneiden und abtropfen lassen
- Die Flüssigkeit auffangen und mit der Fischbrühe auf etwa 1 l auffüllen
- Brühe mit den Tomaten in den Topf geben und 5 Minuten kochen lassen
- Mit Salz, Pfeffer und Zitronensaft würzen
- Fischstücke zugeben und 5 Minuten ziehen lassen
- Weißbrot toasten und mit Knoblauch einreiben
- Jeweils eine Scheibe Weißbrot in einen vorgewärmten Teller legen, den Fischeintopf darauf verteilen und servieren.

Tipp

Wenn am Fenchel das Grün noch frisch ist, kann man es hacken und den Eintopf vor dem Servieren damit bestreuen.

Jägertopf

Zutaten für 4 Personen

500 g Wildfleisch (Reh, Hirsch oder Wildschwein)

50 g durchwachsener Speck

2 Zwiebeln

400 g Pfifferlinge

300 g Kartoffeln

250 g Karotten

20 g Butterschmalz

Salz, Pfeffer

100 ml Rotwein

1/4 l Brühe

Preiselbeeren

- Das Fleisch in grobe Würfel schneiden
- Den Speck klein würfeln
- Zwiebeln schälen und fein hacken
- Pilze putzen
- Kartoffeln und Karotten waschen, schälen und in Scheiben schneiden
- In einem Topf Speckwürfel in Butterschmalz ausbraten
- Fleisch- und Zwiebelwürfel zugeben und gut anbraten
- Mit Salz und Pfeffer würzen
- Pilze, Karotten- und Kartoffelscheiben auf das Fleisch schichten, dabei mit Salz und Pfeffer würzen
- Mit Rotwein und Brühe aufgießen und zugedeckt 30 bis 40 Minuten schmoren lassen.
- Mit Preiselbeeren servieren.

Eintöpfe müssen nicht immer schlichte Hausmannskost sein. Dass man auch Gästen einmal einen Eintopf servieren kann, beweist dieses besondere Wildgericht.

Bayerischer Gemüsetopf

Zutaten für 4 Personen

40 g Öl

1 Zwiebel

1/2 Kopf Weißkraut

500 g Karotten

500 g Kartoffeln

Salz

Kümmel

1/2 l Brühe

Petersilie

- Kraut putzen, waschen, vierteln und in Streifen schneiden
- Karotten waschen, schälen und in Scheiben schneiden
- Kartoffeln waschen, schälen und in etwas dickere Scheiben schneiden
- Zwiebel schälen und fein hacken
- Öl in einem Topf erhitzen und die Zwiebelwürfel darin anbraten
- Lagenweise Kraut, Karotten und Kartoffeln einschichten, würzen und mit heißer Brühe aufgießen
- Zugedeckt bei mittlerer Hitze 30 Minuten garen
- Mit gehackter Petersilie bestreut servieren.

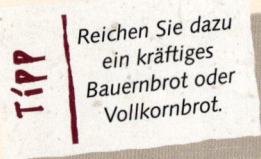

TIPP Reichen Sie dazu ein kräftiges Bauernbrot oder Vollkornbrot.

Weißkraut und Kümmel sind eine typisch bayerische Kombination, wie man sie beispielsweise auch im bayerischen Krautsalat findet. Der Kümmel würzt und hilft außerdem bei der Verdauung.

Sauerkrauteintopf

Zutaten für 4 Personen

2 Kartoffeln

2 Karotten

1 Stange Lauch

250 g Sauerkraut

1/2 l Gemüsebrühe

2 Eigelb

150 g Crème fraîche

Salz, Pfeffer

2 Scheiben Vollkorntoast

1 Knoblauchzehe

- Kartoffeln und Karotten waschen, schälen und grob raspeln
- Lauch halbieren, waschen und in Scheiben schneiden
- Sauerkraut klein schneiden
- Alles zusammen 15 Minuten in der Brühe kochen
- Eigelb mit Crème fraîche verquirlen und in den Eintopf rühren
- Mit Salz und Pfeffer abschmecken
- Brot toasten, mit der Knoblauchzehe einreiben, würfeln und mit dem Eintopf servieren.

Sauerkraut ist sehr gesund. Es ist kalorienarm und enthält viel Vitamin C. Früher nahmen die Seefahrer gerne ein Fass Sauerkraut mit auf ihre Fahrt. Das Kraut war lange haltbar und schützte die Seeleute vor dem gefürchteten Skorbut.

Wasserschtriwle
Spätzle

Zutaten für 4 Personen
500 g Mehl
1 TL Salz
4 Eier
250 ml warmes Wasser
125 g Butter
Salz
Pfeffer

- Das Mehl zusammen mit dem Salz in eine Schüssel sieben und eine Mulde in die Mitte drücken
- Die Eier verquirlen und in die Mulde geben, das Wasser hinzufügen
- Vom Rand her langsam das Mehl einarbeiten, bis ein weicher Teig entsteht – eventuell noch etwas Mehl oder Wasser einarbeiten
- In einem großen Topf Salzwasser zum Kochen bringen
- Den Nudelteig in drei oder vier Stücke teilen
- Nacheinander die Teigstücke auf einem bemehlten Brettchen mit der Hand bis zu einer Dicke von 0,5 cm flachdrücken
- Den Teig mit einem nassen Messer in dünnen Lagen von dem Brettchen in das kochende Wasser schaben
- Die Spätzle sind gar, wenn sie im Topf nach oben steigen
- Die fertigen Nudeln mit einem Schaumlöffel von der Oberfläche schöpfen und in einem Sieb abtropfen lassen
- Mit zerlassener Butter mischen oder in Butter goldbraun braten
- Mit einer Prise Salz und etwas Pfeffer abschmecken und sofort servieren.

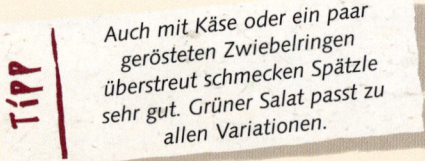

Tipp

Auch mit Käse oder ein paar gerösteten Zwiebelringen überstreut schmecken Spätzle sehr gut. Grüner Salat passt zu allen Variationen.

Je weicher der Spätzleteig, desto lockerer werden die fertigen Nudeln. Bei Verwendung einer Spätzlepresse empfiehlt es sich, etwas mehr Wasser einzuarbeiten, damit sich der Teig leichter durch die Löcher in der Presse drücken lässt.

Grießnocken

Zutaten für 4 Personen

1 l Milch

1 TL Salz

100 g Butter

200 g Grieß

2 Eigelb

1 Msp geriebene Muskatnuss

- Die Milch in einem Topf mit 1 TL Salz und 50 g Butter erwärmen, bis die Butter geschmolzen ist
- Nach und nach den Grieß einrühren, so dass ein dicker Brei entsteht
- Den Topf vom Herd nehmen und die Eigelbe zusammen mit einer Messerspitze geriebener Muskatnuss gleichmäßig in die Masse rühren
- Den Grießbrei etwa 1,5 Zentimeter dick auf ein Blech streichen, etwa 1 Stunde auskühlen lassen und danach die Teigplatte in Rauten schneiden – oder den Teig in einer Schüssel abkühlen lassen und danach mit einem Esslöffel kleine „Nocken" abstechen
- In einer Pfanne die restliche Butter erwärmen und die Teigrauten beziehungsweise die Nocken darin goldgelb backen
- Mit grünem Salat servieren.

Tipp

Grießnocken schmecken auch gut mit in Butter gerösteten Semmelbröseln. Statt die Nocken auszubacken, wird dann jedes Mal mit einem Esslöffel etwas heiße, geröstete Bröselmasse aufgenommen, bevor von dem warmen Grießbrei eine Nocke abgestochen wird. Sofort servieren.

Für eine süße Variante der Grießnocken wird anstelle von 1 TL Salz nur eine Prise Salz verwendet und 1 TL Zucker hinzugefügt. Statt in der Pfanne können die Nocken auch im Ofen gebacken werden. Zu süßen Grießnocken passen Einmachobst wie Zwetschgen und Birnen oder Apfelkompott.

Rotkrüt mit Äpfel un Keschte
Apfelrotkraut mit Kastanien

Zutaten für 4 Personen

800 g ungeschälte oder
600 g geschälte, vakuum-
verpackte Kastanien

1 Kopf Rotkraut

250 ml Weinessig

1 Zwiebel

100 g Butter

1 Lorbeerblatt

2 Gewürznelken

2 Renetten oder
andere Äpfel

1 Msp Salz

1 Prise Pfeffer

1 Prise Zucker

- Den Ofen auf 200 °C (Umluft 180 °C, Gas Stufe 3) vorheizen
- Ungeschälte Kastanien an der gewölbten Seite mit einem Messer ein-schneiden und auf einem Blech im Ofen rösten, bis die Schale springt
- Nach dem Abkühlen von Schale und innerer Haut befreien; geschälte Kastanien können gleich weiterverarbeitet werden
- Die äußeren Blätter des Rotkohls entfernen
- Den Kohl vierteln, die harten Strunkteile herausschneiden und die Viertel durch alle Blattlagen in etwa 0,5 Zentimeter dicke Streifen schneiden
- 125 ml Essig, Salz, Pfeffer und Zucker in eine Schüssel – kein Aluminium! – geben und die Rotkohlstreifen damit vermischen
- 30 Minuten marinieren lassen
- Die Zwiebel schälen, hacken und in einem Topf mit der Butter anschwitzen
- Den Rotkohl darüber geben, den restlichen Essig, das Lorbeerblatt und die Gewürznelken hinzufügen
- Der Rotkohl sollte etwa bis zur halben Topfhöhe in Flüssigkeit liegen – eventuell etwas lauwarmes Wasser zugießen
- Den Topf schließen und das Kraut bei geringer Hitze 1 Stunde garen
- Die Äpfel schälen und vierteln, das Kerngehäuse entfernen
- Nach 1 Stunde die Äpfel und die geschälten Kastanien auf das Kraut legen, ohne zu mischen, und nochmals 30 Minuten garen
- Vor dem Servieren das Lorbeerblatt und die Gewürznelken entfernen.

Tipp

Gewürze wie Nelken werden nicht mitgegessen. Steckt man sie für den Kochvorgang in das Lorbeerblatt, können sie nach der Garzeit leichter aus dem Kochgut genommen werden.

Rotkohl wird oft mit einer säurehaltigen Zutat wie Essig, Äpfeln oder Wein gekocht, damit er seine Farbe während des Garens nicht verliert.

Leberknödel

Zutaten für 4 Personen

500 g Schweineleber

2 trockene Brötchen

3 Eier

200 g Speck

1 mittelgroße Zwiebel

Salz

Pfeffer

1 Prise Muskat

1 TL Majoran

3 EL Mehl

Fett zum Braten

- Die Brötchen in Wasser einweichen und anschließend ausdrücken
- Die Schweineleber fein zerkleinern (Fleischwolf)
- Mit Salz, Majoran, Muskat und Pfeffer würzen
- Die ausgedrückten Brötchen, die Eier und das Mehl hinzufügen und die Masse gut durchkneten
- Die Zwiebel schälen und fein würfeln
- Den Speck ebenfalls in kleine Würfel schneiden
- Speck und Zwiebel in der Pfanne mit etwas Fett anbraten
- Auskühlen lassen und unter die Lebermasse mischen
- Salzwasser zum Kochen bringen
- Mit einem Esslöffel von der Lebermasse esslöffelgroße Portionen abstechen und zu Klößen formen
- In das kochende Salzwasser geben und 10 Minuten leicht köcheln lassen.

TIPP

Zum Servieren können Sie nochmals Speck und Zwiebeln klein würfeln und anbraten und über die Knödel geben. Dazu passen sehr gut Sauerkraut und Kartoffelbrei.

Die Qualität bzw. das Alter der Leber kann man schon beim Einkauf gut erkennen. Als Faustregel gilt: je jünger das Tier, desto besser die Leber. Ausschlaggebend dabei ist die Farbe der Leber: Bei jungen Tieren ist die Leber schön rot; je älter sie ist, umso dunkler wird ihre Farbe bis hin zu einem Braunton.

Kartoffeln mit Käse

Bild rechts

Zutaten für 4 Personen

4 große Kartoffeln

1 Becher Crème fraîche

4 EL Quark

Salz

Pfeffer

2 EL geröstete Sonnenblumenkerne

6 EL frisch geschnittene Kräuter

- Die Kartoffeln in der Schale gar kochen
- Den Quark und die Crème fraîche vermischen und mit Salz und Pfeffer abschmecken
- Die Sonnenblumenkerne und etwa die Hälfte der geschnittenen Kräuter untermischen
- Die fertigen Pellkartoffeln mit 2 Gabeln oben aufreißen und den Käserahm hineinfüllen
- Mit den restlichen Kräutern bestreuen und sofort servieren.

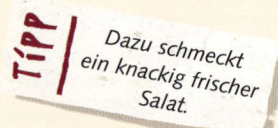

TIPP Dazu schmeckt ein knackig frischer Salat.

Grobe Kartoffelknödel

Zutaten für 4 Personen

2 kg Kartoffeln

100 g Butter

2 EL Semmelbrösel

100 g Mehl

100 g Butterschmalz zum Ausstechen der Knödel

- Kartoffeln schälen, in dünne Scheiben schneiden, in Salzwasser garen
- Die gegarten Kartoffelscheiben abgießen und mit dem Kartoffelstampfer zerdrücken
- Nach und nach etwas Mehl zugeben, bis eine glatte Masse entsteht; vorsicht, sie soll nicht kleben!
- Das Butterschmalz erhitzen
- Aus der Kartoffelmasse mit einem Löffel Klöße ausstechen, dabei den Löffel immer wieder in das heiße Schmalz eintauchen
- Inzwischen die Semmelbrösel in der Butter goldgelb rösten
- Die Semmelbrösel-Butter-Masse über den Klößen verteilen und servieren.

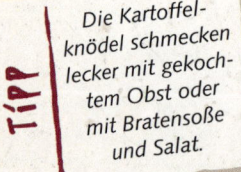

TIPP Die Kartoffelknödel schmecken lecker mit gekochtem Obst oder mit Bratensoße und Salat.

Variante

Dieser Grundteig kann auch zu Zwetschgenknödeln verarbeitet werden. Hierfür 20 reife Zwetschgen waschen und entsteinen. Jede Zwetschge wird mit Teig umhüllt. Salzwasser zum Kochen bringen, die Klöße ins kochende Wasser geben, die Hitze zurückstellen und die Klöße bei schwacher Hitze 15 Minuten ziehen lassen. Mit Zucker und Zimt und eventuell zerlassener Butter servieren.

Griegeniffte
Grüne Klöße auf vogtländische Art

Zutaten für 4 Personen

3 kg Kartoffeln
(mehlig kochend)

4 Semmeln

80 g Butter

Salz

1/8 l Milch

evtl. etwas Kartoffelstärke

- 500 g Kartoffeln in der Schale in Salzwasser gar kochen
- Währenddessen die Semmeln in kleine Würfel schneiden, in der Butter goldbraun rösten und etwas salzen
- Die restlichen rohen Kartoffeln schälen, fein reiben und in einem Tuch gut auspressen
- Das aufgefangene Wasser beiseite stellen, damit sich die Stärke absetzen kann
- Die Milch zum Kochen bringen und über die Kartoffelmasse gießen
- Die gekochten Kartoffeln pellen und noch warm durch die Kartoffelpresse geben
- Beide Kartoffelmassen miteinander vermischen
- Die Kartoffelmasse salzen und von dem beiseite gestellten Kartoffelwasser etwas Stärke zufügen
- Darauf achten, dass die Kartoffelmasse geschmeidig ist, eventuell noch etwas Kartoffelstärke hinzufügen
- In einem großen Topf Wasser mit etwas Salz zum Kochen bringen
- Aus dem Teig Klöße formen, dabei in die Mitte einige geröstete Semmelwürfel geben
- Die Klöße in kochendes Salzwasser einlegen; die Klöße müssen Platz haben, sie dürfen sich nicht berühren
- Kurz aufwallen lassen, danach 20 Minuten bei milder Hitze ziehen lassen
- Die Klöße pyramidenförmig in einer Schüssel anrichten.

Griegeniffte sind Vogtlands grüne Klöße. Niffen heißt reiben. Für Kenner sind sie nicht Beilage, sondern Hauptgericht – aber nur mit viel Soße. Klöße muss man didschen können! Von den berühmten thüringischen Klößen unterscheiden sie sich weder im Aussehen noch im Geschmack, wohl aber durch eine Kleinigkeit bei der Zubereitung. Die Vogtländer geben an ihre rohe Kloßmasse heiße Milch, die Thüringer dagegen heißen Kartoffelbrei.

Tipp

Griegeniffte passen zu Sauerbraten (siehe S. 194), aber auch zu Gänse-, Kaninchen- oder Wildbraten.

Die beim Spargelschälen abfallenden Stangenenden und Schalen können Sie auskochen und aus dem Sud eine Suppe bereiten.

Spargel mit Grünkernsoße

Zutaten für 4 Personen

Für den Spargel:

1500 g Spargel

20 g Butter

Salz

1 TL Zucker

200 ml Wasser

Für die Soße:

150 g Grünkernschrot

1/4 L Fleischbrühe

Salz

Pfeffer

3 – 4 EL Sahne

Spargel wurde schon zu Zeiten der alten Ägypter sehr hoch geschätzt. Sie gaben ihren Toten sogar Spargel als Wegzehrung mit auf die letzte Reise. So lange ist der Spargel also schon bekannt, wenn er auch ursprünglich eher als Heilpflanze und nicht als Delikatessgemüse, wie wir ihn heute genießen, betrachtet wurde.

Für den Spargel:

- Den Spargel in kaltem Wasser waschen und abtropfen lassen
- Vom Kopf her mit einem Spargelschäler schälen, die holzigen Enden der Stiele abschneiden
- Butter in einem länglichen Topf erhitzen
- Spargel vorsichtig hineinlegen, mit Salz und Zucker würzen, mit kaltem Wasser aufgießen, so dass der Spargel gerade bedeckt ist, und aufkochen lassen
- Zugedeckt 15 Minuten dünsten, dann abgießen, den Spargelsud aufbewahren

Für die Soße:

- In der Zwischenzeit den Grünkernschrot in einer Schüssel mit 4 EL kaltem Wasser verquirlen
- Fleischbrühe in einem Topf zum Kochen bringen und Grünkern unter ständigem Rühren zufügen
- 20 Minuten sieden lassen, danach mit Salz und Pfeffer abschmecken; die Masse sollte nicht zu dick werden
- Von dem Spargelsud etwa 100 ml dazugießen und nochmals aufkochen lassen, bei Bedarf nachwürzen und eventuell etwas eindicken lassen; wer die Soße etwas dünnflüssiger möchte, gießt noch mehr vom Spargelsud dazu
- Zum Schluss die Sahne einrühren

- Spargel mit dem Schaumlöffel vorsichtig aus dem Topf nehmen, auf vorgewärmten Tellern anrichten und mit der Grünkernsoße übergießen
- Dazu passen Salzkartoffeln.

Spargel-Omelett

Zutaten für 4 Personen

Für den Spargel:

500 g grüner Spargel

500 g weißer Spargel

1 TL Zucker

1 TL Butter

Salz

Für die Omeletts:

8 Eier

2 EL Milch

1 Msp Pfeffer

1 TL Salz

40 g Butter

Ein echtes Omelett besteht nur aus Eiern (und zwar möglichst frischen), nicht das kleinste Stäubchen Mehl ist erlaubt, höchstens etwas Milch. Als Würze sollten nur Salz und Pfeffer zugegeben werden.

Für den Spargel:

- Den Spargel in kaltem Wasser waschen und abtropfen lassen
- Den weißen Spargel vom Kopf her mit einem Spargelschäler schälen, die holzigen Enden der Stiele abschneiden
- Den grünen Spargel nur im unteren Drittel schälen, ebenfalls die holzigen Enden abschneiden
- Weißen und grünen Spargel in Salzwasser mit Zucker und 1 TL Butter etwa 15 Minuten kochen, abtropfen lassen und warm stellen

Für die Omeletts:

- Während der Spargel kocht, die Eier und die Milch in eine Schüssel geben und mit Salz und Pfeffer würzen, mit einer Gabel kurz verquirlen
- 1 TL Butter bei mittlerer Hitze in einer beschichteten Pfanne erhitzen
- Ein Viertel der Eiermasse zugießen und etwa 3 Minuten von der einen Seite stocken lassen, dann wenden und die andere Seite kurz stocken lassen, anschließend warm stellen
- Nacheinander 4 Omeletts backen

- Spargel in 4 Portionen jeweils auf eine Hälfte des Omeletts geben, die andere Hälfte darüber klappen, auf vorgewärmte Teller geben und sofort servieren.

Kartoffelomelett

Zutaten für 4 Personen

800 g Kartoffeln

2 EL Butterschmalz

Salz

**frisch gemahlener
schwarzer Pfeffer**

500 g Frühlingszwiebeln

6 Eier

10 EL Milch

1 TL Paprikapulver

- Die Kartoffeln schälen und in ca. 2 cm große Würfel schneiden
- Das Schmalz in einer großen Pfanne erhitzen, die Kartoffelwürfel darin rundherum anbraten, mit Salz und Pfeffer würzen und bei schwacher Hitze etwa 20 Minuten braten, zwischendurch wenden
- In der Zwischenzeit die Frühlingszwiebeln putzen, waschen und in feine Ringe schneiden
- Wenn die Kartoffeln fast gar sind, die Frühlingszwiebeln dazugeben und kurz mitbraten
- Die Eier mit der Milch verquirlen, salzen und pfeffern und in die Pfanne über die Kartoffeln gießen
- Zugedeckt etwa 6 Minuten bei milder Hitze stocken lassen und mit Paprikapulver bestäubt servieren.

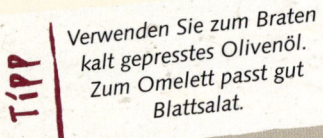

Tipp

Verwenden Sie zum Braten kalt gepresstes Olivenöl. Zum Omelett passt gut Blattsalat.

Variante

Der Grundteig des Omeletts mit Eiern, Milch, Salz und Pfeffer bleibt immer gleich; die weiteren Zutaten kann man je nach Geschmack verändern.

Für ein Käseomelett benötigen Sie zusätzlich zu den Teigzutaten 200 g fein geriebenen Gouda, 1 kleines Glas gefüllte Oliven, 1 kleines Glas Perlzwiebeln.

Den Omelettteig wie oben beschrieben vorbereiten, zwei Drittel des geriebenen Käses unter die Masse mischen, 4 Omeletts braten und auf eine feuerfeste Platte gleiten lassen. Omeletts mit dem restlichen Käse bestreuen, im Ofen bei Grillhitze 2 Minuten überbacken, anschließend mit den Perlzwiebeln und den halbierten Oliven garnieren und gleich servieren. Dazu passt knackiger Kopfsalat.

Wirsingsäckchen

- Frühlingszwiebeln und Möhren putzen, waschen und sehr klein würfeln
- In 2 EL Öl in einem kleinen Topf anschwitzen
- Grünkernschrot einrühren und mit der Hälfte der Brühe ablöschen
- Zugedeckt bei milder Hitze 10 Minuten garen lassen
- Den Kohl waschen, den harten Strunk und die äußeren Blätter entfernen
- Die folgenden 10 äußeren Blätter ablösen und den restlichen Kohl in etwa 2 cm breite Streifen schneiden
- Die ganzen Blätter etwa 1 bis 2 Minuten blanchieren, herausheben, gut abtropfen lassen und flach ausbreiten
- Den Mittelstrunk keilförmig herausschneiden und die Blätter mit Küchenpapier abtupfen
- Die Getreidemischung mit Salz, Pfeffer und Paprika abschmecken
- Portionsweise in die Mitte der Wirsingblätter setzen
- Die Blätter darüber zusammenschlagen und verdrehen, so dass Säckchen entstehen, diese mit Küchengarn zubinden
- Im restlichen Öl in einem breiten Topf bei mittlerer Hitze anbraten
- Mit der restlichen Brühe ablöschen
- Zugedeckt bei milder Hitze 10 Minuten schmoren
- Den übrigen Wirsing einrühren, nachwürzen und alles weitere 10 Minuten schmoren.

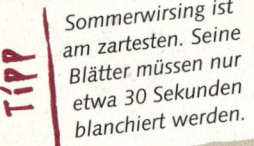

Tipp Sommerwirsing ist am zartesten. Seine Blätter müssen nur etwa 30 Sekunden blanchiert werden.

Schnecken in der Pfanne

Zutaten für 4 Personen

1 Dose Weinbergschnecken ohne Haus (24 – 30 Stück)

150 g Butter

3 Frühlingszwiebeln

3 kleine Knoblauchzehen

1 Bd Petersilie

1 Bd Schnittlauch

Salz

frisch gemahlener Pfeffer

Butter für die Form

- Knoblauch und Zwiebeln schälen, klein hacken und auf einem Brett mit der breiten Seite eines Messers zerdrücken
- Die Butter mit dem Handrührgerät schaumig rühren
- Petersilie und Schnittlauch fein hacken
- Frühlingszwiebeln, Knoblauch, Kräuter, Salz und Pfeffer unter die Butter rühren
- Backofen auf 180 °C (Umluft 160 °C, Gas Stufe 3) vorheizen
- Schnecken aus der Dose nehmen und abtropfen lassen
- Eine Auflaufform fetten und die Schnecken hineinlegen
- Die Schnecken mit der Kräuterbutter bestreichen
- Im vorgeheizten Ofen etwa 15 bis 20 Minuten goldbraun überbacken
- Die Schnecken auf Tellern anrichten und mit der flüssigen Kräuterbutter aus der Form beträufeln
- Mit frischem Weißbrot servieren.

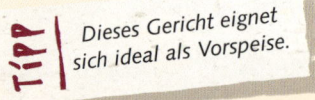

Tipp Dieses Gericht eignet sich ideal als Vorspeise.

Eierkueche

Zutaten für 4 Personen
150 g Mehl
3 Eier
250 ml Milch
1 Prise Salz
Butter zum Backen

- Das Mehl in eine Schüssel sieben und in der Mitte eine Mulde formen
- Die Eier verquirlen, eine Prise Salz hinzugeben und mit dem Mehl verrühren
- Langsam so viel Milch einrühren, dass ein glatter, eher dünnflüssiger Teig entsteht
- Den Teig 30 Minuten ruhen lassen
- Sollte er danach zu stark eingedickt sein, noch etwas Milch unterrühren
- In einer Pfanne etwas Butter heiß werden lassen
- Mit einer Schöpfkelle gleichmäßig etwas Teig für einen dünnen Eierkuchen in die Pfanne geben, langsam von beiden Seiten backen
- So verfahren, bis der Teig verbraucht ist.

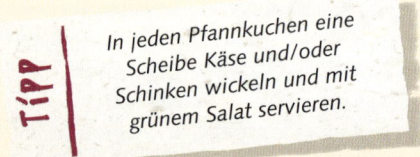

TIPP

In jeden Pfannkuchen eine Scheibe Käse und/oder Schinken wickeln und mit grünem Salat servieren.

Eierkueche schmecken auch mit Puderzucker, Obstkompott oder mit Vanillecreme und Kirschen. Für die Vanillecreme 500 ml Milch aufkochen, eine Vanilleschote 10 Minuten darin ziehen lassen, 5 Eigelb mit 60 g Zucker schaumig schlagen und die heiße Milch langsam einrühren. Dann langsam unter Rühren erhitzen – nicht kochen –, bis die Soße dick wird. In eine kalte Schüssel gießen.

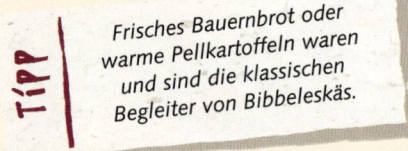

TIPP Frisches Bauernbrot oder warme Pellkartoffeln waren und sind die klassischen Begleiter von Bibbeleskäs.

Bibbeleskäs
Bauernquark

Zutaten für 4 Personen

500 g weißer Quark
125 ml Sahne
3 Stängel Petersilie
1 kleines Bd Schnittlauch
1 Knoblauchzehe
2 Schalotten
1 Prise Salz
1 Prise Pfeffer

- Den Quark mit der Sahne glatt rühren
- Die Petersilie und den Schnittlauch waschen, trockenschütteln und hacken
- Die Knoblauchzehe und die Schalotten schälen und sehr fein zerkleinern
- Salz und Pfeffer zusammen mit den gehackten Kräutern und den zerkleinerten Schalotten sowie dem Knoblauch unter den Quark rühren.

Der Geschmack kann leicht nach persönlichen Vorlieben variiert werden. Die Sahne lässt sich durch Milch ersetzen. Wer keinen Knoblauch mag, verwendet einfach keinen; mehr Schärfe bringen Zwiebeln statt Schalotten und sehr schmale Lauchstreifen anstelle von Schnittlauch erzeugen eine weitere Geschmacksvariante.

Bratkartoffeln
mit Münsterkäse

Zutaten für 4 Personen

1 kg fest kochende
Kartoffeln

1 Zwiebel

1 Bd Petersilie

100 g Speckwürfel

2-3 EL Butter

250 g Münsterkäse

Salz

Pfeffer

1 TL Kümmel

- Die Kartoffeln gar kochen und abkühlen lassen
- Die Zwiebel schälen und hacken
- Die Petersilie waschen, trockenschütteln und zerkleinern
- Die Kartoffeln schälen und in Scheiben schneiden
- In einer Pfanne die Butter erhitzen und die Kartoffelscheiben darin anbraten
- Die Speckwürfel und die gehackte Zwiebel dazugeben
- Mit etwas Salz und Pfeffer würzen
- Die Bratkartoffeln auf einer Platte anrichten und die zerkleinerte Petersilie darüber geben
- Den Münsterkäse in Scheiben schneiden, auf einen Teller legen und mit Kümmel bestreuen
- Beides zusammen mit grünem Salat servieren.

Der Rohmilchkäse, den Benediktinermönche im 8. Jahrhundert im elsässischen Münstertal entwickelten, gehört zu den bekanntesten und beliebtesten Käsesorten aus dem Elsass. Der „Münster" wurde früher auf vielen Bauernhöfen hergestellt und Liebhaber konnten am Geschmack bestimmen, von welchem Hof ein Münsterkäse stammte.

Gefüllte Kohlrabi

Zutaten für 4 Personen

Für die Kohlrabi:

8 mittelgroße Kohlrabi

Salz

1 EL Butter

1 EL Mehl

1/2 l Fleischbrühe

1 Prise Zucker

2 EL Zitronensaft

Für die Füllung:

1 Semmel

1/8 l Milch

1 Zwiebel

400 g Hackfleisch (halb Schwein, halb Rind)

1 Ei

Salz

frisch gemahlener weißer Pfeffer

1 Prise Muskat

1 EL gehackte Petersilie

- Die Kohlrabi schälen und waschen
- In einem Topf Salzwasser zum Kochen bringen und das Gemüse im Ganzen 10 Minuten darin garen
- Die Kohlrabi herausnehmen, auskühlen lassen, jeweils einen Deckel abschneiden und die Kohlrabi etwas aushöhlen
- Für die Füllung die Semmel in der Milch einweichen; die Zwiebel schälen und fein hacken
- Das Fleisch in eine Schüssel geben und mit der ausgehöhlten Kohlrabimasse vermischen
- Die ausgedrückte Semmel und das Ei untermengen
- Alles mit Salz, Pfeffer und Muskat würzen
- Die Kohlrabi mit der Fleischmasse füllen und den Deckel fest aufdrücken
- Eine Auflaufform ausbuttern, die Kohlrabi hineinsetzen und das Mehl darüber stäuben
- Die Brühe angießen und alles im vorgeheizten Backofen bei 180°C (Gas Stufe 2, Umluft 160°C) etwa 35 Minuten garen
- Die Kohlrabi herausnehmen und warm stellen
- Petersilie aufstreuen
- Die Soße durch ein Sieb gießen, mit Salz, Zucker und Zitronensaft abschmecken und über die Kohlrabi geben
- Petersilienkartoffeln dazu reichen.

Kohlrabi schmeckt roh oder gekocht. Zum Würzen eignen sich ein Hauch Muskat, Zitronensaft, eine Prise Zucker, weißer Pfeffer, wenig Salz und Kräuter wie Petersilie, Kerbel, Dill oder Estragon. Kohlrabi hält sich ohne Blätter im Gemüsefach des Kühlschranks 2 bis 3 Tage.

Möhrengemüse mit Erbspüree

Zutaten für 4 Personen

Für das Möhrengemüse:

750 g Möhren

2 Zwiebeln

250 g durchwachsener Speck

1/8 l Fleischbrühe

2 EL Zitronensaft

1 TL Zucker

Salz

4 EL gehackte Petersilie

Für das Erbspüree:

400 g ausgepalte Erbsen

3 Stängel glatte Petersilie

Salz

1 TL Zucker

30 g Butter

- Für das Möhrengemüse die Möhren putzen, waschen und in Scheiben schneiden
- Die Zwiebeln pellen und fein hacken; den Speck in kleine Würfel schneiden und in einer Pfanne kross ausbraten
- Die Zwiebeln zugeben und mitdünsten
- Die Möhren zufügen und die Brühe angießen, zugedeckt 15 Minuten garen
- Mit Zitronensaft, Zucker und Salz abschmecken und die Petersilie aufstreuen; warm stellen
- Für das Püree die Erbsen in einen Topf geben
- Petersilienstängel, Salz, Zucker und 1/8 l Wasser zugeben
- Alles zum Kochen bringen und 6 Minuten dünsten
- Vom Herd nehmen und sofort pürieren
- Durch ein Sieb streichen und mit einem Schneebesen die Butter darunter schlagen
- Mit dem Möhrengemüse auf Tellern verteilen
- Nach Belieben gebratene Jagdwurstscheiben dazu reichen.

Möhren brauchen wenig Salz, aber immer eine Prise Zucker. Sie schmecken gekocht, aber auch roh als Salat und mögen die Gewürz-Verbindung mit Muskat, Zimt oder Ingwer.
Möhren enthalten reichlich Karotin, das aber nur in Verbindung mit etwas Fett ausreichend vom Körper aufgenommen wird.

Garnierter Blumenkohl

Zutaten für 4 Personen

Für den Blumenkohl:

1 Blumenkohl

5 EL Milch

2 Eier

2 EL gehackte Petersilie

125 g Butter

3 EL Semmelbrösel

Für die Soße:

1 EL Butter

1 EL Mehl

2 EL Schlagsahne

Salz

frisch gemahlener weißer Pfeffer

- Vom Blumenkohl die Blätter entfernen und den Strunk abschneiden
- Den Blumenkohl einige Minuten in Salzwasser legen
- Danach in einen Topf mit reichlich Salzwasser und der Milch geben, zum Kochen bringen und 20 Minuten garen
- Den Blumenkohl herausnehmen, abtropfen lassen, auf einem runden Teller anrichten und warm stellen
- Das Kochwasser für die Soße beiseite stellen
- Währenddessen die Eier 10 Minuten kochen, pellen und fein hacken
- Die gehackten Eier mit der Petersilie vermischen und auf dem Blumenkohl verteilen
- In einer Pfanne die Butter erhitzen, die Semmelbrösel hineingeben, goldgelb rösten und auf dem Blumenkohl verteilen
- Für die Soße in einem Topf die Butter erhitzen, das Mehl zugeben und anschwitzen
- Vom Herd nehmen, $1/2$ l von der beiseite gestellten Brühe angießen und glatt rühren
- Die Soße unter ständigem Rühren zum Kochen bringen und bei mäßiger Hitze 10 Minuten köcheln lassen
- Die Sahne einrühren und mit Salz und Pfeffer würzen
- Die Soße zum Blumenkohl reichen
- Dazu schmecken Petersilienkartoffeln.

TIPP

Beim Einkauf von Blumenkohl sollten Sie darauf achten, dass der Kohl fest, aber nicht hart ist und dass die grünen Blätter frisch, knackig und ohne gelbliche Färbung sind. Er sollte nach dem Einkauf rasch zubereitet werden.

„Von hervorragender Bedeutung sind die Blumen- und Gemüse-gärtnereien Erfurts. Alle Arten Blumen werden auf 290 Morgen Land, Gemüse auf 450 Morgen Land gezogen. Blumenkohl und Brunnenkresse sind die Haupterzeugnisse", liest man in Meyers Reisebüchern aus dem Jahr 1920.

Käsepfanne

Zutaten für 4 Personen
6 Semmeln (à 50 g)
1/8 l Milch
1/8 l Schlagsahne
200 g Reibekäse
200 g Schinkenspeck
2 Zwiebeln
50 g Butter

- Die Semmeln in Scheiben schneiden, in eine Schüssel geben und mit Milch und Sahne übergießen
- Den Reibekäse untermischen
- Den Schinkenspeck in kleine Würfel schneiden
- Die Zwiebeln pellen und fein hacken
- In einer Pfanne die Butter zerlassen und die Zwiebeln darin andünsten
- Die Schinkenwürfel zugeben und kurz mitrösten
- Die Semmelmasse zugeben und unter Rühren bei milder Hitze goldbraun braten.

Die Thüringer Küche ist eine Butter- und Sahne-Küche. Zur Sahne greift man besonders häufig. Mal süß, mal sauer, mal als Schmant — mit ihr verfeinert man Backwerk und Speisen in verschwenderischer Fülle. Besonders die Soßen, auf die versteht man sich im Kloß-, Bratwurst- und Kuchenland bestens, bekommen eine tüchtige Portion ab.

Stötteritzer Hemdbohnen

Zutaten für 4 Personen

1 kg grüne Bohnen

Salz

6 Eier

**frisch gemahlener
weißer Pfeffer**

2 EL Mehl

**Butterschmalz
zum Frittieren**

- Die Bohnen putzen und waschen, mit Salzwasser bedeckt zum Kochen bringen und 10 Minuten garen
- Herausnehmen und gut abtropfen lassen
- Jeweils 5 Bohnen mit Küchengarn zusammenbinden
- Das Butterschmalz in einem Topf erhitzen, bis sich an einem hineingehaltenen Holzlöffelstiel Blasen bilden – dann stimmt die Temperatur
- Währenddessen die Eier trennen, die Eigelbe mit Salz und Pfeffer verrühren und das Mehl unterquirlen
- Das Eiweiß steif schlagen und unter den Teig ziehen
- Die verschnürten Bohnen in den Teig tauchen und im erhitzten Butterschmalz ausbacken.

In Sachsen mag man Bohnen als Gemüseknabberei, in Teig verpackt, zum Bier, aber auch als Beilage zu Fleischgerichten oder als Eintopf. Im Leipziger Raum und im Erzgebirge wird Gemüse mit Vorliebe püriert, während im Vogtland Spalken (Stückchen) zu sehen sein müssen. In der Oberlausitz gehören Bohnen als Beilage zum Kartoffelsalat und in der ganzen Region mag man sie als Salat, pikant und immer süß-sauer gewürzt.

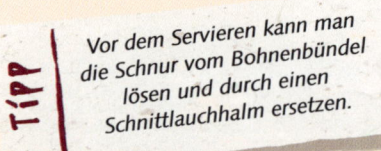

Tipp
Vor dem Servieren kann man die Schnur vom Bohnenbündel lösen und durch einen Schnittlauchhalm ersetzen.

Blumenkohlröschen
in Schinkensoße

Zutaten für 4 Personen
1 Blumenkohl
Salz
125 g Schinkenspeck
30 g Butterschmalz
1 EL Mehl
1/2 l Milch
1/8 l Brühe
200 g gekochter Schinken
2 Bd Schnittlauch
frisch gemahlener weißer Pfeffer
2 EL Zitronensaft
2 Eigelb

- Den Blumenkohl putzen, waschen, in Röschen teilen und in Salzwasser 15 Minuten garen
- Inzwischen den Schinkenspeck in kleine Würfel schneiden und kross ausbraten, herausnehmen und beiseite stellen
- In dem Schinkenfett das Butterschmalz zerlassen, das Mehl einrühren und kurz durchschwitzen
- Milch und Brühe nach und nach unter Rühren zugießen, aufkochen lassen und dann bei kleiner Hitze 10 Minuten köcheln
- Den gekochten Schinken in feine Streifen schneiden, den Schnittlauch in Röllchen schneiden
- Beides zur Soße geben und 5 Minuten darin ziehen lassen
- Mit Salz, Pfeffer und Zitronensaft abschmecken, dann vom Herd nehmen
- Die Eigelbe verquirlen und unter die Soße ziehen
- Die Blumenkohlröschen mit einem Schaumlöffel herausnehmen und auf vorgewärmten Tellern anrichten, die Soße darüber gießen und Schinkenspeckwürfel auf das Gemüse streuen
- Petersilienkartoffeln dazu reichen.

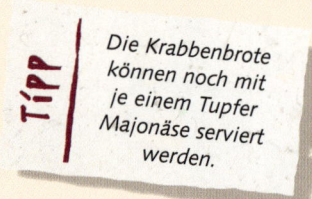

Tipp

Die Krabbenbrote
können noch mit
je einem Tupfer
Majonäse serviert
werden.

Friesisches Krabbenbrot

Zutaten für 4 Personen

4 Scheiben Vollkornbrot

Butter zum Bestreichen

200 g Nordseekrabben
(gepult)

Saft einer halben Zitrone

4 Eier

1–2 EL Butterschmalz

Salz

- Das Vollkornbrot mit Butter bestreichen und die Krabben auf den 4 Scheiben gleichmäßig verteilen
- Mit dem Zitronensaft beträufeln
- Das Butterschmalz in einer Pfanne erhitzen und darin 4 Spiegeleier ausbacken
- Die Spiegeleier auf die Krabben setzen, etwas salzen und sofort servieren.

Halligfrühstück Bild rechts

Zutaten für 4 Personen

200 g Nordsee-Krabben
(wenn möglich
frisch gepult)

1 Becher Crème fraîche
(150 g)

3 EL Jogurt

1 TL fein gehackte Zwiebel

1 TL fein gehackter Dill

1 TL fein gehackte Petersilie

Salz

Curry

Worcestersoße

4 hart gekochte Eier

Kresse zum Garnieren

- Die Crème fraîche mit dem Jogurt, den Zwiebelwürfeln und den Kräutern verrühren
- Mit den Gewürzen und der Worcestersoße abschmecken
- Die Hälfte der Krabben mit der Creme vermischen und auf einer Platte verteilen
- Die Eier pellen, halbieren und gleichmäßig am Rand der Krabbenmischung verteilt aufsetzen
- Die restlichen Krabben in die Mitte geben
- Mit Kresse bestreuen und zusammen mit frischem Graubrot und Butter servieren.

Dieses Frühstück wird im Original
mit Möweneiern zubereitet.

Geräucherte Forellenfilets
mit Meerrettichsahne

Zutaten für 2 Personen (als Vorspeise für 4 Personen)

350 g Staudensellerie

1 EL Zitronensaft

2 geräucherte Forellen

1/8 l Sahne

40 g frisch geriebener Meerrettich

1 Prise Salz

1 Prise Zucker

1 unbehandelte Zitrone

- Den Staudensellerie waschen, in Stangen teilen, die Wurzelenden abschneiden und das Blattgrün entfernen
- Die Selleriestangen in streichholzdünne Streifen schneiden, flach auf eine Platte legen und mit Zitronensaft beträufeln
- Die Forellen häuten, filetieren und die Filets sternförmig auf den Sellerie legen
- Die Sahne sehr steif schlagen, mit dem Meerrettich vermischen und mit Salz und Zucker abschmecken
- Die Meerrettichsahne in einen Spritzbeutel geben und dekorativ auf die Forellenfilets spritzen
- Die Zitrone in dünne Scheiben schneiden und die Forellenfilets damit garnieren
- Dazu passt frisches Weißbrot oder Toast.

Tipp

Wenn Sie die Forellen nicht ganz frisch aus dem Räucherofen bekommen, sondern schon im Kühlschrank aufbewahrt haben, erwärmen Sie die Filets ganz leicht, dann entfalten sie ihr Aroma am besten.

Matjesfilet
nach Hausfrauenart

Zutaten für 4 Personen

4 Matjesheringe

100 g Majonäse

100 ml saure Sahne

1 Lorbeerblatt

6 Pimentkörner

1 Prise Salz

1 Prise Zucker

1 Msp frisch gemahlener weißer Pfeffer

2 Zwiebeln

2 Gewürzgurken

2 säuerliche Äpfel

1 Bd Dill

- Die Matjesheringe filetieren, in Stücke schneiden und 30 Minuten wässern
- Inzwischen die Majonäse mit der sauren Sahne verrühren
- Lorbeerblatt und Pimentkörner hinzufügen, mit Salz, Zucker und Pfeffer abschmecken
- Die Zwiebeln schälen und in Ringe schneiden
- Die Gewürzgurken klein würfeln
- Die Äpfel schälen, vom Kerngehäuse befreien und in kleine Scheiben schneiden
- Die Sahnemajonäse mit Gurkenstückchen, Zwiebelringen und Apfelscheiben vermischen
- Den Dill waschen, abtropfen lassen, zerkleinern und untermischen
- Die Matjesfilets aus dem Wasser nehmen, trockentupfen, in die Soße geben und mit Dill oder Zwiebelringen garniert servieren.

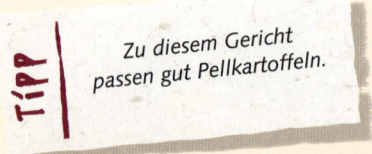

Tipp

Zu diesem Gericht passen gut Pellkartoffeln.

Sürkrut – Choucroute
Klassisches Elsässer Sauerkraut

Zutaten für 4 Personen

1 kg rohes Sauerkraut

1 Zwiebel

1 Knoblauchzehe

1 EL Öl

250 ml Riesling

6 Wacholderbeeren

4 Korianderkörner

1 Lorbeerblatt

1 TL Kümmel

200 ml Wasser

400 g geräucherter Speck

400 g geräucherte Schweineschulter oder gekochtes Kassler

1 Schweinshaxe

4 Straßburger Würstchen oder Wienerle

1 Msp Salz

1 Prise Pfeffer

- Das Sauerkraut gut waschen und abtropfen lassen
- Die Zwiebel und die Knoblauchzehe schälen und sehr fein schneiden
- In einer großen Kasserolle das Öl erhitzen und die gehackte Zwiebel mit dem Knoblauch anschwitzen, ohne dass sie bräunen
- Den Backofen auf 180 °C (Umluft 160 °C, Gas Stufe 2) vorheizen
- Den Riesling, Salz, Pfeffer, die Wacholderbeeren, den Koriander, das Lorbeerblatt und den Kümmel mischen
- Zusammen mit dem Sauerkraut in den Topf geben und gut unterheben
- Warmes Wasser je nach Größe des Topfes hinzufügen: Das Sauerkraut soll zur Hälfte in Flüssigkeit liegen.
- Den geräucherten Speck in die Kasserolle legen
- Den Topf schließen und in den vorgeheizten Backofen stellen; das Sauerkraut braucht etwa 1,5 Stunden zum Garen
- Regelmäßig prüfen, ob noch Flüssigkeit vorhanden ist, damit das Kraut nicht anhängt
- Eventuell etwas warmes Wasser nachgießen
- Die Schweinshaxe in einem Extra-Topf mit heißem Wasser etwa 30 Minuten durchziehen lassen
- Wenn das Sauerkraut schon recht durchgegart ist, also nach etwa 75 Minuten im Backofen, die Schweinshaxe und das Kassler oder das Schweineschulterstück auf das Sauerkraut legen
- Nach fünf weiteren Minuten die Straßburger Würstchen oder Wienerle hinzufügen, die nur warm werden sollen
- Zum Servieren zuerst das Fleisch auf einen Teller legen, das Sauerkraut nochmals umwenden, auf einer großen Platte anrichten und das Fleisch darüber arrangieren.

TIPP

Mit Salzkartoffeln oder Leberknödeln servieren.

Das klassische Sürkrut oder Choucroute ist eines der berühmtesten elsässischen Gerichte. Bis in die 1930er-Jahre kam im Herbst der Sürkrutschneider mit einer spektakulären Säge in die Häuser und schnitt den frischen Kohl in feine Streifchen, der dann von den Hausfrauen als Wintervorrat in großen Tonnen eingelegt wurde.

Bohnenspeck

Zutaten für 4 Personen

1 kg grüne Bohnen

2 Tomaten

1 Zwiebel

1 Knoblauchzehe

1 EL Butter

0,5 l Fleischbrühe

800 g geräucherter Speck am Stück

2 Stängel Bohnenkraut

1 Prise Salz

1 Prise Pfeffer

- Die Bohnen waschen, abfädeln, putzen und in etwa 3 cm lange Stücke brechen
- Nebenbei zum Schälen der Tomaten in einem Topf Wasser zum Kochen bringen
- Die Zwiebel und die Knoblauchzehe schälen und fein hacken
- In einem zweiten Topf die Butter zerlassen, die gehackte Zwiebel darin andünsten, dann den Knoblauch hinzugeben
- Zum Abziehen der Tomaten den Fruchtansatz herausschneiden, die Haut einmal kreuzweise einritzen und 10 Sekunden in das kochende Wasser tauchen
- Etwas abkühlen lassen, die Haut abziehen und die Tomaten in Würfel schneiden
- Die Fleischbrühe erwärmen
- Die Tomatenwürfel zusammen mit den Bohnen in den Topf mit den Zwiebeln geben
- Mit Salz und Pfeffer würzen, das Bohnenkraut und den Speck dazulegen
- Die warme Fleischbrühe darüber gießen
- Einen Deckel auf den Topf legen und 45 Minuten bei geringer Hitze garen lassen
- Den Speck herausnehmen und in Portionen schneiden
- Das Bohnenkraut herausnehmen
- Die Bohnen mit dem Speck auf einer Platte oder in einer Schüssel anrichten.

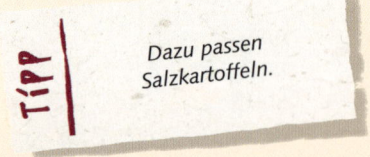

Tipp

Dazu passen Salzkartoffeln.

Statt grüner Bohnen eignen sich für dieses Gericht auch Prinzeßbohnen. Ihre fadenlosen Hülsen müssen im Gegensatz zu anderen Bohnensorten nicht abgefädelt werden.

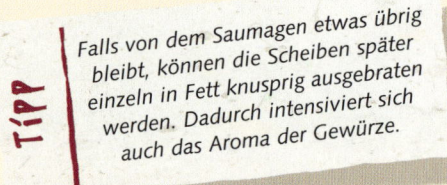

Tipp

Falls von dem Saumagen etwas übrig bleibt, können die Scheiben später einzeln in Fett knusprig ausgebraten werden. Dadurch intensiviert sich auch das Aroma der Gewürze.

Saumagen

Zutaten für 6–8 Personen

750 g Schweinebauch mager

750 g Vorderschinken vom Schwein

750 g Kartoffeln

500 g Hackfleisch (vom Schwein oder gemischt) oder Bratwurstfüllung

3 harte Brötchen

5 Eier

Salz

Pfeffer

5 EL Majoran

2 TL Muskat

1 Saumagen

- Die Kartoffeln schälen, die Brötchen in kaltem Wasser einweichen
- Den Schweinebauch, den Vorderschinken und die Kartoffeln in 1 cm große Würfel schneiden
- Die Kartoffelwürfel in etwas Salzwasser etwa 10 Minuten kochen, so dass sie noch bissfest sind
- Die Brötchen ausdrücken
- Das Hackfleisch, die Eier und die ausgedrückten Brötchen gut vermischen
- Alle Zutaten zusammen mit den Gewürzen gut mischen
- Die Masse in den Magen füllen. Vorsicht, nicht zu prall auffüllen, sonst kann der Magen beim Kochen platzen!
- Alle Öffnungen mit Küchengarn zubinden oder zunähen
- In einem großen Topf Salzwasser aufkochen, die Hitze reduzieren und den Saumagen hineinlegen; ab jetzt darf das Wasser nicht mehr kochen!
- Den Saumagen im heißen Wasser 3 Stunden ziehen lassen
- Anschließend den Saumagen herausnehmen, abtropfen lassen und am Tisch in Scheiben schneiden.

Allen Vorurteilen zum Trotz gehört der Saumagen mit zum Besten, was die Pfälzer Küche zu bieten hat. Der Name kommt daher, dass die Speisefüllung in der Pfalz in einen frischen Saumagen gefüllt wird, den man beim Metzger erhält. Inzwischen gibt es aber auch schon Kunstdarmnetze zu kaufen. Der Saumagen an sich – ob natur oder künstlich – wird in der Regel nicht mitgegessen.

Pfälzer Blutwurststrudel

Zutaten für 4 Personen

Für den Strudelteig:

200 g Mehl

1 Ei

1 EL Öl

1 Prise Salz

Öl zum Bestreichen

Für die Blutwurstfüllung:

250 g Blutwurst

250 g Kartoffeln
(fest kochend)

200 g Äpfel

1 mittelgroße Zwiebel

1 EL Butter

4 EL Sahne

2 Eigelb

Salz

Pfeffer

1 EL Majoran

1 TL Muskat

2 Eiweiß

2 EL Butter zum Bestreichen

Für den Strudelteig:

- Das Mehl auf eine Arbeitsfläche sieben und in die Mitte eine Mulde drücken
- Eine Prise Salz, das Ei und das Öl zufügen, alles zu einem glatten Teig verarbeiten, dabei nach und nach bis zu 4 EL Wasser unterarbeiten, bis der Teig eine mittelfeste Konsistenz hat
- Anschließend den Teig weiterkneten, bis er seidig glänzt
- Den Teig zu einer Kugel formen und mit Öl bestreichen, etwa 1 Stunde ruhen lassen

Für die Blutwurstfüllung:

- Die Blutwurst in kleine Würfel schneiden
- Die Kartoffeln kochen, pellen und in feine Scheiben schneiden
- Die Äpfel schälen und auch in dünne Scheiben schneiden
- Die Zwiebel schälen, in kleine Würfel schneiden und in Butter etwas anschwitzen, bis sie glasig sind
- Alle Zutaten in einer Schüssel vermischen, die Sahne und das Eigelb dazugeben, mit Salz, Pfeffer, Majoran und Muskat würzen

- Backofen auf 200 °C (Umluft 180 °C, Gas Stufe 4) vorheizen
- Den Strudelteig sehr dünn ausrollen und vorsichtig mit den Händen noch nachziehen
- Die Füllung von der Mitte aus verteilen, dabei darauf achten, dass ein Rand rundherum frei bleibt
- Die freie Fläche mit dem Eiweiß bestreichen
- Die seitlichen Enden einschlagen, eine Rolle formen und mit der Nahtstelle nach unten auf ein Backblech legen
- Butter zerlassen und damit den Strudel bestreichen, in den Ofen schieben und etwa 40 Minuten backen.

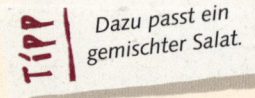

TIPP Dazu passt ein gemischter Salat.

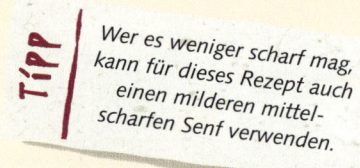

Senfbraten

Zutaten für 4 Personen

2 kg Kotelett am Stück (möglichst ausgelöst und gut durchwachsen)

6 EL scharfer Senf

Salz

frisch gemahlener Pfeffer

1 Bd Petersilie

2 Zwiebeln

1 TL Basilikum (gerebelt)

1 TL Majoran

1 TL Salbei

Öl

- Das Fleisch abwaschen, trockentupfen, längs einschneiden und rundherum kräftig salzen
- Zwiebeln schälen und klein schneiden
- Petersilie waschen und klein schneiden
- Zwiebeln, Petersilie, Majoran, Salbei, Basilikum und Pfeffer mit dem Senf vermischen und auf die Innenseite des aufgeklappten Fleisches streichen
- Zuklappen, mit Garn umwickeln und in Öl wenden
- In einen Bräter geben und bei Oberhitze im Ofen bei 200 °C (Umluft 180 °C, Gas Stufe 4) mit Deckel für etwa 40 Minuten braten, danach etwa 50 Minuten ohne Deckel, dabei ab und zu mit dem ausgetretenen Bratensaft übergießen
- Das Fleisch herausnehmen, den Bratensatz mit etwas Wasser loskochen, reduzieren und mit Salz und Pfeffer abschmecken
- Das Fleisch mit der Soße am besten zu frischen Pfälzer Kartoffeln servieren.

Schweinefilet
mit Traubensoße

Zutaten für 4 Personen

600 g Schweinefilet

3 Knoblauchzehen

800 g Kartoffeln

Olivenöl zum Anbraten

1 kleine Chilischote

4 EL Tomatenmark

1 EL Paprika edelsüß

400 ml Weißwein

eine Hand voll grüne Trauben

1 grüne Paprika

Salz

Pfeffer

1 Zweig Thymian

- Das Fleisch in mundgerechte Stücke schneiden
- Die Kartoffeln schälen und würfeln
- Olivenöl in einem breiten Topf erhitzen und das Fleisch darin kräftig anbraten
- Das Fleisch herausnehmen und zur Seite stellen
- Die Kartoffelwürfel ebenfalls in etwas Olivenöl anbraten
- Das Fleisch wieder dazugeben
- Knoblauch schälen, fein würfeln und unter das Fleisch und die Kartoffeln mischen
- Tomatenmark und Chilischote hinzufügen
- Mit Salz, Pfeffer und Paprika würzen
- Den Wein zugeben und das Ganze zugedeckt 20 bis 30 Minuten schmoren lassen
- Die Paprika waschen, putzen und in kleine Würfel schneiden
- Die Trauben halbieren und die Kerne entfernen
- Nach 15 Minuten der Garzeit die Paprika zum Fleisch geben
- Kurz vor Schluss die Trauben zugeben, sie sollen nur kurz angewärmt werden
- Die Thymianblättchen von den Stielen lösen und das Schweinfilet vor dem Servieren damit bestreuen.

Variante

Für die Soße können Sie anstelle von Trauben auch geschnittene Äpfel verwenden. Am besten eignen sich mild-säuerliche Sorten.

Burgunderbraten

Zutaten für 4 Personen

1 kg Rindfleisch

1 l Burgunder oder anderer trockener Rotwein

1 Flasche Weinbrand

70 g geräucherter Speck

3 Zwiebeln

2 Stangen Porree

4 Möhren

3 Knoblauchzehen

evtl. 1 Lorbeerblatt

4 EL Tomatenmark

1 Bd Petersilie

1 TL Thymian

Salz

Pfeffer

Öl zum Anbraten

je nach Geschmack Brühwürfel oder Instant-Bratensaft

evtl. 100 ml Sahne

- Das Fleisch abwaschen, trockentupfen und in eine möglichst große Schüssel legen
- Zwiebeln und Knoblauch schälen und fein würfeln
- Porree und Möhren putzen und in Scheiben schneiden
- Die Hälfte des Weinbrands über das Fleisch gießen, Gemüse, Zwiebeln und Knoblauch zum Fleisch geben; nach Wunsch noch ein Lorbeerblatt hinzufügen
- Den Wein mit dem Tomatenmark vermischen und über das Fleisch gießen
- Den restlichen Weinbrand dazugießen
- Thymian zugeben, Deckel auflegen und 24 Stunden lang kühl stellen
- Das Fleisch aus der Marinade nehmen und abtropfen lassen
- In einem Bräter den Speck in Öl anbraten, anschließend das Fleisch darin rundherum braun anbraten und die gesamte Marinade zum Fleisch geben
- Den Backofen auf 170 °C (Umluft 150 °C, Gas Stufe 2–3) vorheizen
- Das Fleisch zugedeckt im Backofen etwa 3 Stunden garen
- Nach der Hälfte der Garzeit das Fleisch wenden
- Das Fleisch aus dem Ofen nehmen und noch etwa 10 Minuten ruhen lassen
- Den Sud durch ein Sieb in einen Soßentopf gießen
- Je nach Geschmack das Gemüse in der Soße belassen oder herausnehmen
- Die Soße etwas einkochen und mit Brühwürfel oder Bratensoße und Sahne verfeinern, mit Salz und Pfeffer abschmecken
- Die Petersilie waschen, klein schneiden und über das Fleisch und die Soße streuen.

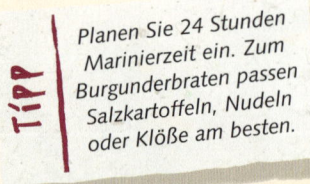

Tipp Planen Sie 24 Stunden Marinierzeit ein. Zum Burgunderbraten passen Salzkartoffeln, Nudeln oder Klöße am besten.

Leberwurst
mit Majoran und Bratkartoffeln

Zutaten für 4 Personen

500 g Landleberwurst

1 kg mehlig kochende Kartoffeln

1/8 l Öl

2 Zwiebeln

Salz

Pfeffer

2 EL fein gehackter Majoran

evtl. Kümmel

- Die Kartoffeln schälen, waschen, abtrocknen und in feine Scheiben schneiden
- Das Öl in einer großen Pfanne stark erhitzen, darin die Kartoffeln scharf anbraten und dabei häufig wenden
- Zwiebeln schälen, in kleine Würfel schneiden und zu den Kartoffeln geben
- Mit Salz, Pfeffer (je nach Geschmack auch mit Kümmel) und Majoran würzen
- Die Kartoffeln bei mittlerer Hitze in 25 Minuten gar braten
- In der Zwischenzeit in einer anderen Pfanne die Leberwurst bis zum gewünschten Bräunungsgrad anbraten und mit den Bratkartoffeln servieren.

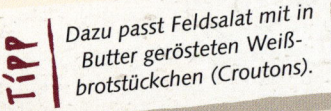

Tipp Dazu passt Feldsalat mit in Butter gerösteten Weißbrotstückchen (Croutons).

Einen besonderen Pfiff erhält das Gericht, wenn man zu den Bratkartoffeln angebratene Speckwürfel gibt und zum Anbraten Olivenöl verwendet.

Bratwurst-Kartoffel-Auflauf

Zutaten für 4 Personen

400 g grobe Bratwurst

750 g Kartoffeln

100 g Knollensellerie

250 g Möhren

1 Stange Lauch

1 Petersilienwurzel

1 Zwiebel

2 Nelken

2 Lorbeerblätter

3 EL Essig

1 TL Salz

1 EL Zitronensaft

2 EL Mehl

2 EL Butter

200 ml Milch

200 ml Sahne

250 ml Fleischbrühe

1 TL Pfeffer

1 TL Muskat

1 Prise Zucker

1/2 Bd Dill

2 EL Öl

- Die Kartoffeln waschen und in der Schale in Wasser gar kochen, noch heiß pellen
- Das Gemüse waschen und putzen
- Möhren, Sellerie und Petersilienwurzel in dünne Scheiben schneiden
- Den Lauch in 1,5 cm breite Streifen schneiden
- Die Zwiebel schälen und die Nelken hineinstecken
- Salzwasser zum Kochen bringen und die gespickte Zwiebel, die Lorbeerblätter und den Essig zugeben
- Das Gemüse hinzufügen und bissfest garen
- Anschließend das Gemüse mit kaltem Wasser abschrecken und gut abtropfen lassen
- Die Butter in einem Topf schmelzen, das Mehl zugeben und anschwitzen
- Sahne, Milch und Brühe unter Rühren angießen und 20 Minuten köcheln lassen, mit Pfeffer, Muskat, Zucker und Salz würzen
- Dill waschen und fein hacken
- Die Bratwurst kurz in Öl anbraten und in 2 cm breite Scheiben schneiden, diese gut auskühlen lassen
- Den Backofen auf 200 °C (Umluft 180 °C, Gas Stufe 4) vorheizen
- Kartoffeln in 1/2 cm dicke Scheiben schneiden
- Eine Auflaufform fetten, die Hälfte der Kartoffeln einschichten und darauf die Hälfte des Gemüses geben
- Mit der Hälfte der Soße übergießen
- Die Bratwurstscheiben darauf legen
- Den Rest von Gemüse und Kartoffeln einschichten und zum Schluss die restliche Soße darüber verteilen
- Im Backofen 30 bis 40 Minuten backen und heiß servieren, kurz vor dem Servieren den gehackten Dill über den Auflauf streuen.

Tipp

Für dieses Gericht eignen sich am besten vorwiegend fest kochende Kartoffeln. Sie haben ein festes Fruchtfleisch und springen beim Kochen nicht auf. Zu ihnen gehören Sorten wie Sieglinde, Hansa, Nicola oder Selma.

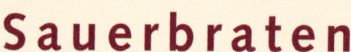

Sauerbraten

Zutaten für 4 Personen

Für die Marinade:

1/4 l **Rotwein**

1/4 l **Weinessig**

1 EL **Zwiebelwürfel**

1 **Lorbeerblatt**

3 **Nelken**

5 **Pfefferkörner**

Für das Fleisch:

1 kg **Rindfleisch**

Salz

frisch gemahlener
weißer **Pfeffer**

100 g **Speck**

1 **Zwiebel**

1 Bd **Suppengrün**

1/8 l **heiße Fleischbrühe**

1/8 l **Schlagsahne**

1 EL **Mehl**

1 Prise **Zucker**

Für die Marinade:

- Den Rotwein und den Essig in einen Topf gießen und 1/4 l Wasser, die Zwiebelwürfel, das Lorbeerblatt, die Nelken und die Pfefferkörner zufügen
- Alles zum Kochen bringen, mehrmals aufwallen lassen, vom Herd nehmen und auskühlen lassen

Für das Fleisch:

- Das Fleisch waschen, trockentupfen und in eine Schüssel geben
- Das Fleisch mit der Marinade begießen
- Zugedeckt im Kühlschrank 2 Tage durchziehen lassen, dabei mehrmals wenden
- Das Fleisch aus der Marinade nehmen, trockentupfen und mit Salz und Pfeffer einreiben, 1/4 l von der Marinade beiseite stellen
- Den Speck in kleine Würfel schneiden, in einen Topf geben und die Speckwürfel darin bei mittlerer Hitze glasig werden lassen, das Fleisch zugeben und ringsum anbraten
- Die Zwiebel schälen und fein hacken, das Suppengrün putzen, waschen und grob zerkleinern
- Zwiebel und Suppengrün in den Fleischtopf geben und 10 Minuten mitbraten
- Fleischbrühe und die beiseite gestellte Marinade angießen, dann alles zugedeckt 90 Minuten garen
- Das Fleisch herausnehmen und warm stellen
- Die Soße durch ein Sieb streichen, Sahne und Mehl verrühren und die Soße damit binden, mit Salz, Pfeffer und Zucker abschmecken.

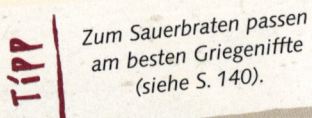

Tipp
Zum Sauerbraten passen
am besten Griegeniffte
(siehe S. 140).

Schweinskeule
mit Bier

Zutaten für 4 Personen

1 kg Schweinskeule

50 g Butterschmalz

2 Zwiebeln

Salz

frisch gemahlener
schwarzer Pfeffer

1/8 l Fleischbrühe

1/4 l Pilsner

3 EL geriebenes
Schwarzbrot

1 Knoblauchzehe

1/2 TL gemahlener Kümmel

5 EL Schlagsahne

- Das Fleisch waschen, trockentupfen und in Würfel schneiden
- In einem Topf das Butterschmalz erhitzen, das Fleisch hineingeben und ringsum anbraten
- Die Zwiebeln schälen, zerkleinern und zum Fleisch geben
- Mit Salz und Pfeffer würzen
- Die Brühe angießen und das Fleisch 60 Minuten schmoren
- Während des Schmorens nach und nach das Bier angießen
- Zuletzt das Schwarzbrot, die ausgepresste Knoblauchzehe, den Kümmel und die Sahne einrühren, nochmals kurz aufkochen lassen und servieren.

Die Sachsen sind (nach den Bayern) Vizemeister im Biertrinken. Auch in der Braukunst stehen sie ganz oben! Die älteste Brauerei entstand 1483 im vogtländischen Treuen. Im Brauerei-Handwerk ist der Einfluss der böhmischen Nachbarn (wo das berühmte Pils herkommt) unverkennbar. Der traditionsreichen Brauerei in Radeberg gelang es als erster deutscher Brauerei überhaupt, Pilsner herzustellen. Die erste deutsche Aktien-brauerei kann die Elbmetropole Dresden verbuchen. Im Jahre 1836 wurde dort „Die Societätsbrauerei Waldschlösschen zu Dresden" aus der Taufe gehoben.

Rindskeule
mit Morcheln

Zutaten für 4 Personen

1,5 kg Rindfleisch aus der Keule

Salz

frisch gemahlener weißer Pfeffer

50 g getrocknete Morcheln

2 Zwiebeln

50 g Butterschmalz

1/8 l Rotwein

1/8 l Fleischbrühe

100 ml Schlagsahne

1 EL Mehl

- Das Fleisch waschen, trockentupfen und mit Salz und Pfeffer einreiben
- Die Morcheln in 1/4 l warmem Wasser einweichen
- Die Zwiebeln schälen und fein hacken
- In einem Topf das Butterschmalz erhitzen, das Fleisch hineingeben und ringsum anbraten
- Die Zwiebeln zugeben, den Rotwein angießen und zugedeckt 30 Minuten schmoren
- Fleischbrühe und die Morcheln mit der Flüssigkeit zugeben
- Weitere 60 Minuten köcheln lassen
- Das Fleisch herausnehmen und warm stellen
- Die Sahne mit dem Mehl verquirlen und die Soße damit binden
- Das Fleisch in Scheiben schneiden und mit der Soße servieren.

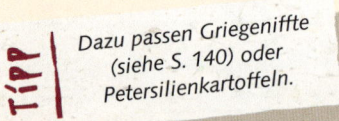

Tipp Dazu passen Griegeniffte (siehe S. 140) oder Petersilienkartoffeln.

Butterschmalz wurde schon von unseren Großmüttern mit Vorliebe zum Braten verwendet. Butterschmalz ist geklärte Butter, der Wasser und Eiweiß entzogen werden. Es kann bis auf 180 °C erhitzt werden ohne zu verbrennen.

Koteletts
in Kümmelsoße

Zutaten für 4 Personen

4 Schweinekoteletts à 200 g

Salz

Pfeffer

50 g Bratenfett

1 Zwiebel

60 g Butter

2 TL Kümmel

1/8 l Weißwein

1/4 l Fleischbrühe

2 Eigelb

100 ml dunkles Bier

- Die Koteletts an den Rändern zwei- bis dreimal einschneiden
- Auf beiden Seiten mit Salz und Pfeffer würzen
- In einer Pfanne das Fett erhitzen und das Fleisch auf jeder Seite 5 Minuten braten, dann herausnehmen und warm stellen
- Das Bratenfett abgießen
- Die Zwiebel schälen und in kleine Würfel schneiden
- In einer Pfanne 30 g Butter erhitzen, Zwiebel und Kümmel hineingeben und kurz anschwitzen
- Weißwein und Fleischbrühe zugießen
- Alles auf die Hälfte einkochen und anschließend durch ein Sieb gießen
- Die restliche Butter einrühren und warm stellen
- Eigelbe und Bier im Wasserbad mit einem Schneebesen zu einer Creme aufschlagen und unter die Kümmelsoße ziehen, die Soße abschmecken
- Die Koteletts auf vorgewärmte Teller geben und die Soße darüber gießen.

Kümmel hat einen herben, würzigen Geschmack. Er macht viele Speisen bekömmlicher und er schmückt und würzt herzhaftes Backwerk.

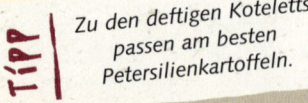

Tipp

Zu den deftigen Koteletts passen am besten Petersilienkartoffeln.

Rindsrouladen und Klöße
mit Steinpilzen

Zutaten für 4 Personen

Für die Rindsrouladen:

4 Rindfleischrouladen
(à 200 g)

Salz

frisch gemahlener
weißer Pfeffer

4 TL mittelscharfer Senf

4 kleine Zwiebeln

4 Gewürzgurken

4 dünne Scheiben durch-
wachsener Speck (à 50 g)

50 g Butterschmalz

1/4 l Fleischbrühe

1/8 l Schlagsahne

Für die Klöße:

2 EL getrocknete Steinpilze

1 Zwiebel

1 kg Kartoffeln
(mehlig kochend)

125 g Stärkemehl

Salz

frisch gemahlener
weißer Pfeffer

200 ml Milch

1 EL gehackte Petersilie

- Das Fleisch waschen und trockentupfen, mit Salz und Pfeffer einreiben und mit Senf bestreichen
- Die Zwiebeln schälen, grob zerkleinern und mit den Gewürz-gurken und dem Speck auf den Fleischscheiben verteilen
- Die Fleischscheiben aufrollen und mit Rouladennadeln oder Küchengarn zusammenhalten
- In einem Topf das Butterschmalz erhitzen, die Rouladen hinein-geben, ringsum anbraten, die Brühe angießen und alles etwa 75 Minuten garen
- Inzwischen für die Klöße die Pilze in etwas Wasser einweichen
- Die Zwiebel schälen und fein hacken
- Die Kartoffeln mit der Schale kochen, pellen, durch die Kartoffel-presse drücken und in eine Schüssel geben
- Stärkemehl, Salz und Pfeffer untermischen
- Die Milch erhitzen und in die Kartoffelmasse einarbeiten
- Die eingeweichten Pilze zerkleinern und zusammen mit der gehackten Zwiebel und Petersilie unter den Teig mengen
- In einem Kloßtopf Salzwasser zum Kochen bringen, aus dem Teig Klöße formen, in das kochende Salzwasser legen und 15 Minuten darin ziehen lassen
- Herausnehmen, abtropfen lassen und in eine Schüssel füllen
- Die Rouladen auf einer vorgewärmten Platte anrichten
- Die Soße mit der Sahne verfeinern und mit Salz und Pfeffer abschmecken
- Die Klöße dazu reichen.

Tipp

Anstelle der Steinpilze kann man auch Mischpilze (Rotkappen, Pfifferlinge, Maronen) verwenden. Frische Pilze soll-ten bei der Zubereitung höchstens kurz abgebraust werden, damit sie sich nicht voll Wasser saugen. Am besten reibt man sie nur mit einem trockenen Tuch ab.

Schusterpfanne

Zutaten für 4 Personen

1 kg Kartoffeln (fest kochend)

4 Birnen

2 Scheiben Schweinebauch (à 300 g)

1 TL Kümmel

1 TL Beifuß

Salz

frisch gemahlener weißer Pfeffer

1/8 l Weißwein

etwas Petersilie

Butter oder Öl für die Pfanne

- Die Kartoffeln schälen und in Scheiben schneiden
- Die Birnen schälen, in Viertel, dann in Spalten schneiden, dabei das Kernhaus entfernen
- Den Schweinebauch in 4 cm breite Streifen schneiden
- Eine Schmorpfanne mit Deckel ausfetten, die Hälfte der Kartoffelscheiben einschichten, die Hälfte des Schweinebauchs darauf geben, darauf die Birnen verteilen und mit dem restlichen Schweinebauch bedecken
- Die restlichen Kartoffeln obenauf schichten und mit Kümmel, Beifuß, Salz und Pfeffer würzen
- 1/4 l Wasser und den Wein zugeben und zum Kochen bringen
- Zugedeckt 20 Minuten garen
- Dann die Pfanne ohne Deckel in den vorgeheizten Backofen stellen und bei 220 °C (Gas Stufe 4, Umluft 200 °C) etwa 8 Minuten bräunen lassen
- Mit Petersiliensträußchen garnieren.

Der aromatische, leicht bittere Beifuß passt gut zu fetthaltigen Speisen; Er wirkt verdauungsfördernd.
Kümmel ist bei Bratkartoffeln, bei Weiß- und Sauerkraut, in der Kartoffelsuppe und im pikantem Backwerk gern gesehen, denn auch er macht die Speisen bekömmlicher. Besonders gut kommt sein Geschmack in Quark und Käse zur Geltung.

Tipp

Aus dem Rest Rotkohl kann man Rotkraut kochen: das Kraut feinstreifig schneiden und mit 1/4 l Wasser (für 800 g Rotkraut), Salz, 3 EL Zucker, 5 EL Weinessig, 1 Nelke, 50 g Schmalz und 1 geschälten, zerkleinerten Apfel 1 Stunde garen.

Rotkohlwickel

Zutaten für 4 Personen

1 Rotkohl (etwa 1,5 kg)

1 Semmel

1 Tasse Milch

800 g Hackfleisch (halb Schwein, halb Rind)

1 Ei

frisch gemahlener weißer Pfeffer

2 EL gehackte Zwiebel

1 EL gehackte Petersilie

8 dünne Scheiben Schinkenspeck

1 EL Butterschmalz oder Öl

1/4 l Rotwein

1 TL Zucker

1 EL Weinessig

1/8 l saure Sahne

1 EL Schmant

- Aus dem Rotkohl den Strunk herausschneiden
- Die welken äußeren Blätter entfernen
- 8 große Rotkohlblätter ablösen und in kochendem Wasser 2 Minuten blanchieren, damit sie sich gut formen lassen
- Die Blätter unter kaltem Wasser abschrecken und trockentupfen
- Die Semmel in der Milch einweichen und gut ausdrücken
- Das Hackfleisch in eine Schüssel geben und mit der Semmel, dem Ei, Pfeffer, Salz, der Zwiebel und der Petersilie vermischen
- Jeweils ein Kohlblatt auf ein mit Pfeffer und Salz bestreutes Küchenbrett legen und mit einer Scheibe Schinkenspeck und einem Achtel der Fleischmasse belegen
- Die Blätter seitlich über dem Fleisch einschlagen, aufrollen und mit Rouladennadeln oder Küchengarn zusammenhalten
- In einem Schmortopf das Fett erhitzen und die Rouladen darin ringsum anbraten
- Den Rotwein angießen, Zucker und Essig zufügen und zugedeckt etwa 35 Minuten garen
- Die Rouladen auf eine Platte geben und warm stellen
- In die Soße die saure Sahne und den Schmant einrühren
- Mit Salz und Pfeffer abschmecken
- Petersilienkartoffeln dazu reichen.

Rotkohl enthält viel Eisen, Senföle, etwas Vitamin C, Kalium, Kalzium, Magnesium und ist außerdem zuckerhaltiger als sein weißer Verwandter. Er schmeckt roh als Salat, gegart als Gemüse oder als würziger Krautwickel. Obwohl er das ganze Jahr zu haben ist, zählt er zum typischen Wintergemüse. Beim Kauf sollten Sie darauf achten, dass der Kopf fest ist.

Bröckelkloß und Kalbsleber

Zutaten für 4 Personen

Für den Bröckelkloß:

1 kg gekochte Kartoffeln (mehlig kochend)

Salz

frisch gemahlener weißer Pfeffer

120 g Butter

Für die Kalbsleber:

800 g Kalbsleber

150 g Butter

2 EL Zwiebelwürfel

200 g Steinpilze

1/8 l Rotwein

1/4 l Fleischbrühe

2 EL Schlagsahne

Salz

frisch gemahlener weißer Pfeffer

2 EL gehackte Petersilie

- Die Kartoffeln zerdrücken oder durch die Kartoffelpresse geben
- Mit Salz und Pfeffer würzen
- In einer Pfanne 30 g Butter erhitzen, 1/4 der Kartoffelmasse einfüllen und bei milder Hitze auf einer Seite goldbraun braten
- Den Bröckelkloß mit der gebratenen Seite nach oben auf einen Teller geben und warm stellen
- Auf die gleiche Weise 3 weitere Bröckelklöße zubereiten
- Die Kalbsleber häuten und in Streifen schneiden
- In einer Pfanne die Hälfte der Butter erhitzen, die Leber zugeben, anbraten, herausnehmen und warm stellen
- Die Zwiebelwürfel in die gleiche Pfanne geben
- Die Steinpilze putzen, die Stiele in kleine Würfel und die Hüte in Scheiben schneiden
- Die Pilzstiele zu den Zwiebeln geben, erhitzen, mit Rotwein ablöschen und 5 Minuten köcheln lassen
- Die Fleischbrühe angießen und 10 Minuten köcheln lassen
- Vom Herd nehmen und den Fond durch ein Sieb passieren
- Die Sahne einrühren
- Die Leber mit Salz und Pfeffer würzen, in die Soße geben und mit Petersilie bestreuen
- Die restliche Butter erhitzen, die Steinpilze 3 bis 4 Minuten darin schwenken und zur Kalbsleber geben
- Mit dem Bröckelkloß auf 4 Tellern verteilen.

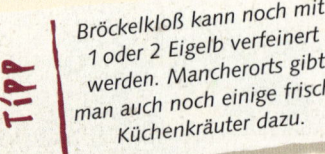

TIPP

Bröckelkloß kann noch mit 1 oder 2 Eigelb verfeinert werden. Mancherorts gibt man auch noch einige frische Küchenkräuter dazu.

Schiefala
Geräucherte Schweineschulter

Zutaten für 4 Personen

1 kg geräucherte Schweineschulter

1 Zwiebel

2 Gewürznelken

1 Lorbeerblatt

4 Karotten

1 kleine Stange Lauch

1 Bd Petersilie

Salz

Pfeffer

- Die Zwiebel schälen, die Nelken und das Lorbeerblatt hineinstecken
- Die Karotten und den Lauch putzen und in kleine Stücke schneiden
- Die Petersilie waschen, trockenschütteln und grob hacken
- Die Schweineschulter mit Salz und Pfeffer einreiben, in eine Kasserolle legen und gut mit Wasser bedecken
- Die gespickte Zwiebel, die Karotten, den Lauch und die Petersilie hinzufügen
- Das Wasser zum Kochen bringen, dann die Hitze senken und das Schiefala 60 Minuten bei geringer Wärme durchziehen lassen
- Das Fleisch aus dem Sud heben und abtropfen lassen
- Die Zwiebel aus dem Sud weglegen
- Das Schiefala in Scheiben schneiden und warm auf einer Platte servieren.

Tipp

Das Schiefala wird besonders gern im Oberelsass zubereitet, wo es meist mit Kartoffelsalat und grünem Salat angerichtet wird. Auch warmes Sauerkraut ist ein häufiger Begleiter.

Der Kartoffelsalat zum Schiefala wird im Elsass meist mit Essig gewürzt. Dazu 1 kg Pellkartoffeln in feine Scheiben schneiden. Eine gehackte Zwiebel in etwa 6 EL Öl anschwitzen, über die Kartoffeln gießen, 6 EL Essig darüber verteilen, salzen und pfeffern. Etwas Kochsud beifügen, falls der Kartoffelsalat zu trocken ist.

Sächsischer Gänsebraten

Zutaten für 4–6 Personen

1 küchenfertige Gans (etwa 3 kg)

Salz

2 Zweige Beifuß

4 säuerliche Äpfel

1 EL Speisestärke

100 ml Schlagsahne

- Backofen auf 200 °C (Umluft 180 °C, Gas Stufe 3) vorheizen
- Eine Deckelpfanne etwa 3 cm hoch mit Wasser füllen und das Wasser im Backofen zum Kochen bringen
- Die Gans innen und außen mit Salz einreiben, die Beifußzweige in die Bauchhöhle stecken
- Die Äpfel waschen und im Ganzen ebenfalls in den Gänsebauch geben
- Die Gans in die Deckelpfanne legen und zugedeckt im Backofen etwa 2 1/2 Stunden garen, ab und zu etwas Wasser angießen und den Braten während der Garzeit mehrmals mit dem Bratfond begießen
- Die Gans nach der Hälfte der Bratzeit in der Schwanzgegend einstechen, damit das Fett ablaufen kann und ab und zu Fett aus der Pfanne abschöpfen
- Am Ende der Bratzeit den Deckel abnehmen, die Gans mit kaltem Salzwasser einpinseln und noch weitere 15 Minuten knusprig bräunen
- Die Gans herausnehmen und tranchieren, das Fleisch warm stellen
- Die Sauce durch ein Sieb in einen Topf gießen, entfetten, erhitzen und mit der kalt angerührten Speisestärke binden, zuletzt die Sahne einrühren.

Tipp

Dazu gehören auf jeden Fall Kartoffelklöße (siehe S. 38). Nach Belieben können Sie auch Rotkraut dazu servieren. Mancherorts wird außerdem eine halbe gedünstete Birne, gefüllt mit Preiselbeeren, dazu gereicht.

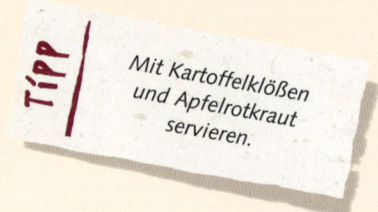
Mit Kartoffelklößen
und Apfelrotkraut
servieren.

Martinsgans
Gefüllte Gans

Zutaten für 6 Personen

1 küchenfertige Gans von
3,5 kg

1 Gänseleber

500 g Schweinehackfleisch

1 Zwiebel

4 Schalotten

1 EL Butter

1 Bd Petersilie

1 Stängel Thymian

1 Ei

200 g Brotkrumen

3 EL Öl

1 Prise geriebene
Muskatnuss

Salz

Pfeffer

etwas Küchengarn

- Die Zwiebel und die Schalotten schälen und klein hacken
- In einer Pfanne etwas Butter erhitzen, die Zwiebel und Schalotten darin anschmoren
- Die Gänseleber sehr fein würfeln
- Die Petersilie und den Thymian waschen, trockenschütteln und hacken
- In einer Schüssel das Hackfleisch mit dem Ei, der Petersilie, dem Thymian, den Brotkrumen und der geschmorten Zwiebel und den Schalotten gut vermischen
- Die fein gewürfelte Gänseleber, 1/2 TL Salz, 1 Messerspitze Pfeffer und eine gute Prise Muskatnuss mit dem Hackfleisch vermischen
- Den Backofen auf 180 °C (Umluft 160 °C, Gas Stufe 2) vorheizen
- Die Gans unter fließendem Wasser abspülen und mit Küchenkrepp abtupfen
- Die Gans von allen Seiten salzen und pfeffern, mit der Hackfleischmischung füllen und mit Küchengarn zusammenbinden
- In einem Topf oder Bräter das Öl erhitzen und die Gans etwa 15 Minuten von allen Seiten goldgelb braten
- Die Haut einstechen, damit Fett austreten kann
- Den Topf für etwa 2 1/2 Stunden in den Ofen schieben
- Sollte das Fett anbrennen, etwas Wasser zugeben
- Die Gans gelegentlich mit dem Bratensud übergießen, damit das Fleisch nicht austrocknet
- Nach der Garzeit die Gans aus dem Ofen nehmen, das Küchengarn entfernen und vor dem Tranchieren 10 Minuten abgedeckt ruhen lassen.

Die „Martinsgans" war im Elsass am 11. November ein verbreitetes Feiertagsgericht. Die Legende sagt, dass sich Martin, als man ihn im 4. Jahrhundert zum Bischof von Tours ernennen wollte, in einem Gänsestall versteckte.

Coq au Riesling
Hahn im Riesling

Zutaten für 4 Personen

1 Hähnchen von gut 1,5 kg

100 g Butter

4 Schalotten

1 Knoblauchzehe

1 Bd Petersilie

40 ml Kognak

250 ml Riesling

200 ml Geflügelbrühe

150 g Champignons

100 ml Sahne

1 EL Mehl

1 Eigelb

1 Msp geriebene Muskatnuss

Salz

Pfeffer

- Den Hahn in gleich große Teile schneiden, die Stücke unter fließendem Wasser abbrausen und mit Küchenkrepp abtupfen
- In einer großen Pfanne oder einem Schmortopf 75 g Butter erhitzen und die Geflügelstücke darin 5 Minuten goldbraun anbraten
- Vorsichtig salzen und pfeffern und eine Messerspitze geriebene Muskatnuss hinzufügen
- Die Schalotten und den Knoblauch schälen und fein hacken
- Die Petersilie waschen, trockenschütteln und fein hacken
- Schalotten, Knoblauch und Petersilie über die Geflügelstücke geben und mitschmoren
- Den Kognak zum Fett in die Pfanne geben und zum Flambieren anzünden
- Den Riesling und die Brühe dazugießen und alles 40 Minuten bei geringer Hitze weiterschmoren
- Die Pilze putzen, in feine Scheiben schneiden, in einer zweiten Pfanne kurz mit der restlichen Butter anbraten und dann zum Geflügel geben
- Nach der Garzeit die Fleischstücke aus der Pfanne nehmen und auf eine vorgewärmte, tiefe Platte legen
- Die Sahne in den Bratfond einrühren und das Mehl vorsichtig darüber stäuben
- Die Soße von der Kochstelle nehmen
- Wenn sie nicht mehr kocht, das Eigelb gleichmäßig unterziehen
- Die Soße über die Geflügelstücke auf der Platte gießen.

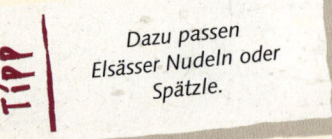

Tipp

Dazu passen Elsässer Nudeln oder Spätzle.

Ein dem „Coq au Riesling" ähnliches Rezept ist der Hahn im Bier. Statt in Kognak, Riesling und Geflügelbrühe wird das zerteilte Hähnchen in 300 ml hellem Bier und 50 ml Wacholderschnaps geschmort. Der Bratensatz wird zum Schluss mit 250 ml Sahne und 50 g Butter verfeinert. Dazu serviert man Nudeln.

Pute mit Kastanien

Zutaten für 4 Personen

1 küchenfertige Pute von
2 bis 2,5 kg

1,5 kg Kastanien

2 EL Butter

4 Scheiben Speck

2-3 EL Öl

20 ml Wacholderschnaps

Salz

Pfeffer

etwas Küchengarn

- Den Ofen auf 200 °C (Umluft 180 °C, Gas Stufe 3) vorheizen
- Die Kastanien auf der gewölbten Seite mit einem scharfen Messer kreuzweise einschneiden und auf einem Blech im Ofen rösten, bis die Schale springt
- Die Schalen und die innere, gelbe Haut entfernen
- In einer Pfanne die Butter erhitzen und die Kastanien zusammen mit 4 EL Wasser darin langsam etwa 5 Minuten schmoren lassen
- Die Pute unter fließendem Wasser abspülen und mit Küchenkrepp abtupfen
- Die Pute salzen, pfeffern, mit den Kastanien füllen, mit den Speckscheiben umwickeln und mit etwas Küchengarn zusammenbinden
- In einem Topf oder einem Bräter das Öl erhitzen und die Pute etwa 10 Minuten lang von allen Seiten goldbraun anbraten
- Den Backofen auf 180 °C (Umluft 160 °C, Gas Stufe 2) vorheizen
- Den Bräter in den Backofen stellen, den Bratensud mit dem Wacholderschnaps ergänzen und die Pute etwa 2 Stunden garen
- Sollte das Fett anbrennen, etwas Wasser zugeben
- Die Pute gelegentlich mit dem Bratensud übergießen, damit das Fleisch nicht austrocknet
- Die Pute nach der Garzeit aus dem Ofen holen, das Küchengarn entfernen und vor dem Tranchieren 10 Minuten abgedeckt ruhen lassen.

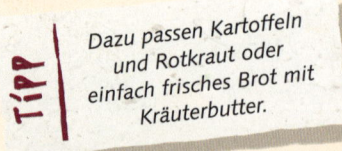

Tipp Dazu passen Kartoffeln und Rotkraut oder einfach frisches Brot mit Kräuterbutter.

Achten Sie beim Einkauf von Geflügel darauf, dass die Haut nicht ausgetrocknet ist. Bei Puten wie bei Gänsen spricht eine gut ausgebildete Brustpartie für Qualität. Jedes Geflügel sollte Raumtemperatur haben, bevor es gegart wird.

Lamm mit Kürbisgemüse

Zutaten für 4 Personen

Für das Lamm:

**750 g Lammfleisch
aus der Schulter**

3 EL Öl

2 Knoblauchzehen

Salz

Pfeffer

1 TL Rosmarin

1 rote Paprikaschote

30 g Mehl

12 schwarze Oliven

1/4 l Fleischbrühe

200 ml Rotwein

125 ml Sahne

Für das Kürbisgemüse:

1 kg Kürbisfleisch

2 Zwiebeln

40 g Butter

4 Tomaten

1/4 l Fleischbrühe

Salz

Pfeffer

1 TL Zucker

2 EL Mehl

1 EL Essig

1 EL Tomatenketschup

1 TL Dill

Für das Lamm:

- Lammfleisch abspülen, trockentupfen und in 3 cm große Würfel schneiden
- Öl erhitzen und das Fleisch darin 10 Minuten braun anbraten
- Die Knoblauchzehe schälen, in etwas Salz zerdrücken und zum Fleisch geben, mit Rosmarin und Pfeffer würzen
- Die Paprikaschote waschen, in schmale Streifen schneiden und dazugeben
- Mehl darüber streuen und alles 5 Minuten unter ständigem Rühren schmoren lassen
- Die Oliven entsteinen, halbieren und zum Fleisch geben
- Die Brühe angießen und alles 15 Minuten zugedeckt schmoren
- Zum Schluss den Rotwein mit Sahne vermischen, zum Fleisch geben und gut umrühren, nochmals erhitzen

Für das Kürbisgemüse:

- Das Kürbisfruchtfleisch in 1 cm große Würfel schneiden, Zwiebeln schälen und in Würfel schneiden
- Einen Teil des Essigs über das Kürbisfruchtfleisch träufeln
- Butter in einem Topf erhitzen, Zwiebeln zugeben und hellbraun braten, Kürbis zugeben und 5 Minuten mitbraten
- Tomaten waschen, kreuzweise einschneiden und mit kochendem Wasser übergießen
- Haut abziehen, Stängelansatz entfernen, Tomaten würfeln und zum Kürbis geben
- Die Fleischbrühe zufügen, mit Pfeffer, Salz, dem restlichen Essig und Zucker würzen und 5 Minuten dünsten lassen
- Dann mit Mehl bestäuben und nochmals 5 Minuten kochen lassen, mit Tomatenketchup abschmecken
- In einer vorgewärmten Schüssel anrichten, den Dill abspülen, trocknen, fein schneiden und über das Kürbisgemüse streuen.

TIPP Als Beilage passt am besten ein Kartoffelgericht.

Bis zu ihrem ersten Geburtstag werden Schafe Lämmer genannt. Dann ist das Fleisch noch besonders zart und ohne den typischen „Hammelgeschmack".

Lammtopf

Zutaten für 4 Personen

500 g Lammkeule
500 g Kartoffeln
500 g Kürbis
2 Zwiebeln
1/2 Wirsingkopf
3 Knoblauchzehen
1 Bd Suppengemüse
1 l Gemüsebrühe
2 Lorbeerblätter
2 Zweige Thymian
Salz
Pfeffer
2 – 3 EL Öl

- Knoblauch und Zwiebeln schälen und fein würfeln
- Suppengemüse waschen, putzen und würfeln
- Fleisch abwaschen, trockentupfen und in 2 cm große Würfel schneiden
- In einem großen Topf Öl erhitzen, das Fleisch rundherum kräftig anbraten und mit Salz und Pfeffer würzen
- Zwiebeln und Knoblauch zugeben und kurz braten
- Mit der Gemüsebrühe ablöschen, Suppengemüse, Lorbeerblätter und Thymian zugeben
- Alles zusammen 25 Minuten kochen lassen
- Inzwischen die Kartoffeln und den Kürbis schälen, die Kürbiskerne entfernen
- Kartoffeln und Kürbis in 2 cm große Würfel schneiden
- Wirsing waschen, putzen und den Strunk entfernen
- Die Wirsingblätter in Rauten schneiden
- Kartoffeln und Kürbis zum Fleisch geben und 10 Minuten kochen lassen
- Den Wirsing zugeben und nochmals 7 bis 10 Minuten leise köcheln lassen
- Sofort servieren.

Gefüllter Rehbraten
nach Winzerart

Zutaten für 4 Personen

Für den Braten:

800 – 1000 g Rehrückenfilets

1/2 Tasse Olivenöl

2 Knoblauchzehen

je 1 TL Rosmarin, Thymian und Majoran

2 – 3 EL Butterschmalz

1 Bd Suppengemüse

1/4 l gebundene, helle Soße

200 g grüne Weintrauben

1/2 Becher Sahne

Salz

frisch gemahlener Pfeffer

Für die Füllung:

1 altbackenes Brötchen

etwas Milch zum Einweichen

200 g geriebener Käse (z. B. Gouda oder nicht zu alter Parmesan)

1 Prise Muskat

12 – 15 eingelegte Weinblätter

Für den Braten:

- Die Rehrückenfilets waschen, mit Küchenkrepp trockentupfen und in eine Schüssel geben
- Knoblauchzehen schälen und mit Salz zerdrücken
- Das Olivenöl mit Knoblauch und Kräutern verrühren, das Fleisch damit übergießen und im Kühlschrank 2 bis 3 Stunden ziehen lassen
- Die Filets herausnehmen, abtropfen lassen und jeweils eine Tasche einschneiden

Für die Füllung:

- Das Brötchen in der Milch einweichen
- Das gut ausgedrückte Brötchen in eine kleine Schüssel geben, mit dem Käse vermischen und mit Salz, Pfeffer und Muskat abschmecken
- Die Weinblätter auf einer Arbeitsfläche auslegen, die Käsemasse darauf verteilen, die Blätter aufrollen und vorsichtig in die Taschen der Rehrückenfilets füllen
- Eventuell die Filets mit Küchengarn umwickeln, um die Füllung zu fixieren

- Den Backofen auf 200 °C (Umluft 180 °C, Gas Stufe 4) vorheizen
- Das Butterschmalz in einem Bräter erhitzen, die Rehrückenfilets kurz anbraten, bis sie Farbe annehmen, salzen und pfeffern, dann das geputzte und klein geschnittene Suppengemüse dazugeben und kurz mitbraten
- Die gebundene, helle Soße angießen, den Bräter abdecken und die Filets im vorgeheizten Ofen etwa 80 bis 90 Minuten schmoren lassen, dann herausnehmen und warm stellen
- Die Weintrauben halbieren und entkernen, die Soße durch ein Sieb passieren, die Sahne und die halbierten Weintrauben einrühren und erhitzen
- Die Rehrückenfilets in Scheiben schneiden und mit der Soße anrichten.

Hierzu passt ein trockener Weißwein, vorzugsweise der gleichen Art wie die Trauben, wie zum Beispiel eine Scheurebe aus Franken.

TIPP

Statt Knoblauchzehen kann man zur passenden Jahreszeit Bärlauch- blätter verwenden.
Die Weinblätter kann man auch klein schneiden, unter die Käsemasse heben und die Masse so in die Filets füllen.

Rehmedaillons
mit Bärlauchsoße

Zutaten für 4 Personen

600 g ausgelöster Rehrücken

250 g Frühlingszwiebeln oder Perlzwiebeln (Glas)

1 Hand voll Bärlauch

250 g grüne (Stangen-)Bohnen

350 g Kirschtomaten

1 TL frische Thymianblätter

1 EL Butter

2 EL Butterschmalz

1 Tasse Rinderbrühe

Salz

frisch gemahlener Pfeffer

150 g Crème fraîche

Außerdem:

12 möglichst kleine neue Kartoffeln

Butter oder Olivenöl zum Dünsten

- Die innere Haut des Rehrückens entfernten, anschließend das Fleisch in Medaillons schneiden
- In einem Topf Salzwasser erhitzen
- Frühlingszwiebeln und Bohnen putzen
- Die Stiele der Bärlauchblätter entfernen, dann die Blätter kurz blanchieren, mit kaltem Wasser abschrecken, damit sie ihre grüne Farbe behalten, nicht zu kräftig ausdrücken und in feine Streifen schneiden, dann beiseite stellen
- Die Bohnen in kochendem Salzwasser bissfest garen, dann abgießen und abtropfen lassen
- Die Kirschtomaten mit dem Thymian in Butter kurz andünsten, dann die Frühlings- oder Perlzwiebeln und zum Schluss die Bohnen dazugeben
- In einer zweiten Pfanne die Medaillons beidseitig in Butterschmalz anbraten, die Brühe dazugeben, mit Salz und Pfeffer würzen, zugedeckt gar dünsten und auf eine vorgewärmte Platte geben
- Crème fraîche und den Bärlauch in die Bratensoße einrühren und mit den Medaillons und dem Gemüse servieren
- Dazu passen kleine neue Kartoffeln, die nur gewaschen und sauber gebürstet mit Schale in Butter oder Olivenöl gedünstet werden, bis sie gar sind.

Die Jagd auf Rehbock und Schmalreh beginnt am 1. Mai, genau jene Zeit, in der es frischen Bärlauch und die ersten Frühkartoffeln gibt – und es den Wildgourmet nach etwas Frischem „aus der Natur" gelüstet …

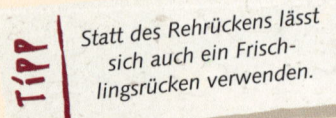

Tipp | Statt des Rehrückens lässt sich auch ein Frischlingsrücken verwenden.

Schwäbisches Rehschäufele

Zutaten für 4 Personen

1 Vorderblatt (Rehschäufele) ohne Unterknochen (ersatzweise Keule von ca. 1 kg)

1 Knoblauchzehe

1 TL gemahlene Kräuter der Provence

30 g Butterschmalz

1 Glas Weißwein

1/4 l klare Fleischbrühe (am besten Wildbrühe)

je 1/2 grüne, gelbe und rote Paprikaschote

1 kleine Stange Lauch

1 kleine Dose Mais

Salz

frisch gemahlener Pfeffer

- Die Knoblauchzehe schälen und in Salz zerdrücken
- Das Rehschäufele damit einreiben und mit Salz, Pfeffer und Kräutern würzen
- Fett in der Pfanne erhitzen und das Fleisch rundum anbraten
- Den Bratansatz mit dem Weißwein loskochen
- Wildbrühe angießen und das Schäufele bei geschlossenem Deckel und mittlerer Hitze knapp 1 1/2 Stunden schmoren lassen
- In der Zwischenzeit die Paprika waschen, putzen und in kleine Stücke schneiden
- Den Lauch ebenfalls waschen und in Ringe schneiden
- Mais in ein Sieb geben und abtropfen lassen
- Paprikastücke in Salzwasser kurz (höchstens 5 Minuten) garen, danach ebenfalls abtropfen lassen
- Gegen Ende der Garzeit Paprikastücke, Lauchringe und Mais zum Schäufele geben und die letzten 10 Minuten bei kleiner Hitze mitgaren lassen
- Schäufele herausnehmen, Knochen entfernen, das Fleisch aufschneiden, in die Pfanne geben und gleich darin mit dem Gemüse servieren
- Dazu passen Teigwaren (vorzugsweise Spätzle) oder Reis.

Tipp

Zu diesem bunten, fast südländisch anmutenden Wildgericht passt ein Thüngersheimer Johannisberg, Scheurebe Kabinett.

Rehrücken
im Gemüsebett

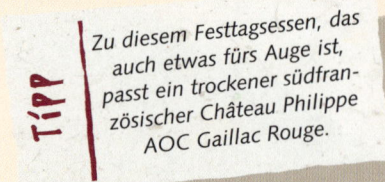

Tipp

Zu diesem Festtagsessen, das auch etwas fürs Auge ist, passt ein trockener südfranzösischer Château Philippe AOC Gaillac Rouge.

Zutaten für 4 Personen

Für den Rehrücken:

1 ganzer Rehrücken am Stück

50 g Butterschmalz

50 g gewürfelter Speck

1/8 – 1/4 l Rotwein

1 Zwiebel

80 g Butter

Salz

frisch gemahlener Pfeffer

2 EL Sahne

Speisestärke

Für das Gemüse:

je 200 g Champignons, Prinzessbohnen, Brokkoli, kleine bis mittelgroße Möhren, Rosenkohl, Erbsen

etwas Zucker und geriebene Muskatnuss

Für den Rehrücken:

- Den Rücken häuten und die Filets bis zum Rippenansatz lösen
- Den Rückenknochen – falls noch nicht vor dem Einfrieren geschehen – mit einer Geflügelschere der Länge nach abschneiden, so dass auf dem Rücken eine „Längsdelle" entsteht und zwischen den Wirbeln das Fleisch etwas anschneiden, damit der Rücken beim Kochen gerade bleibt
- Backofen auf 220 °C (Umluft 200 °C, Gas Stufe 5) vorheizen
- Fleisch pfeffern, salzen und beidseitig in Butterschmalz anbraten
- Rücken im Bräter mit den gebogenen Rippen nach unten legen, Speck zugeben, Wein angießen und zugedeckt im Backofen etwa 40 Minuten dämpfen
- Den Rücken anschließend herausnehmen, in Alufolie einschlagen und etwa 10 Minuten ruhen lassen
- Bratensatz mit einer Tasse Wasser loskochen und in einen Stieltopf geben

Für das Gemüse:

- Das Gemüse putzen, die Pilze und die Möhren in Scheiben schneiden, den Brokkoli in Röschen teilen
- Das Gemüse, außer den Pilzen, in siedendem Wasser etwa 5 Minuten kochen, mit kaltem Wasser abschrecken und abtropfen lassen
- Die Zwiebeln schälen und fein hacken, in einem Kochtopf Butter erhitzen, Zwiebel andünsten und in Abständen von 2 Minuten nacheinander Champignons, Bohnen, Brokkoli, Erbsen, Mohrrüben und Rosenkohl zufügen
- Durchmischen und Saft ziehen lassen, diesen abgießen und zum Bratensaft geben
- Zum Gemüse die gleiche Menge Wasser geben
- Bei geschlossenem Deckel nur so lange garen, dass es noch bissfest ist
- Währenddessen für die Soße Gemüse- und Bratensaft aufkochen, auf die Hälfte einkochen und durchsieben
- Mit Pfeffer und Salz abschmecken, mit Sahne verfeinern und mit Speisestärke binden
- Das Gemüse pfeffern und salzen, nach Wunsch mit einer Prise Zucker und Muskat verfeinern

- Rehrücken auf eine vorgewärmte Platte setzen und das Gemüse darum herumlegen
- Die Soße getrennt dazu reichen.

Frischlingsrücken
auf Möhrengemüse

Zutaten für 4 Personen

1 Frischlingsrücken
(am Stück, unausgelöst,
etwa 750 g)

250 g durchwachsener
Räucherspeck

500 g Möhren

2 Scheiben Sellerie

2 rote Zwiebeln

1/4 l Rinderbrühe (Instant)

1/4 l Weißwein

3 Lorbeerblätter

12 Wacholderbeeren

3 rote Chilischoten

4 Thymianstängel

2 EL Butterschmalz

Salz

frisch gemahlener Pfeffer

- Frischlingsrücken im Bräter in Butterschmalz von allen Seiten gut anbraten, anschließend aus dem Bräter nehmen
- Möhren schälen und in dünne Scheiben schneiden, Sellerie waschen, putzen und in kleine Würfel schneiden
- Backofen auf 200 °C (Umluft 180 °C, Gas Stufe 4) vorheizen
- Zwiebel schälen, grob zerteilen und zusammen mit dem in Streifen geschnittenen Speck im Bräter anbraten
- Das Gemüse mit den Lorbeerblättern, Wacholderbeeren, Chilischoten und Thymianstängeln dazugeben
- Brühe und Weißwein angießen
- Den Braten salzen und pfeffern, auf das Gemüse legen und bei geschlossenem Deckel im Backofen etwa 1 Stunde fertiggaren
- Anschließend das Fleisch vom Knochen trennen, in Scheiben schneiden, mit dem Gemüse auf einer vorgewärmten Platte anrichten und zusammen mit Kartoffelpüree servieren.

Tipp

Kauft man einen Frischling im Ganzen, sollte man darauf achten, dass dieser mindestens ein Gewicht von 15 bis 20 Kilogramm auf die Waage bringt, sonst reicht ein Frischlingsrücken nur für zwei Personen.

Schwäbische Wildschweinsteaks

Zutaten für 4 Personen

1 ausgelöster Wildschweinrücken (ca. 750 g)

2 Zwiebeln

3 EL Hagebuttenmarmelade

1 TL mittelscharfer Senf

1/2 Bd Petersilie

Salz

frisch gemahlener Pfeffer

2 EL Butterschmalz

- Wildschweinrücken enthäuten und in etwa 2 cm dicke Scheiben schneiden
- Zwiebeln schälen, in dünne Scheiben schneiden, in einer größeren Pfanne in Butterschmalz glasig braten und auf einen Teller geben
- Steaks in die Pfanne legen und von beiden Seiten jeweils etwa 5 Minuten braten, salzen und pfeffern, in eine zweite Pfanne geben und warm halten
- Zwiebeln zurück in die erste Pfanne geben, Hagebuttenmarmelade und Senf hinzufügen und mit dem Bratensatz gut vermischen
- Mit Salz abschmecken
- Die Petersilie fein hacken
- Steaks auf die Soße legen, mit Petersilie bestreuen und gleich in der Pfanne servieren
- Dazu passen Schupfnudeln und Bohnen oder Brokkoli.

TIPP

Als klassische Wildgarnierungen werden häufig Preiselbeeren und Apfelmus verwendet. Dieses Gericht bietet sich jedoch auch an, es einmal – ganz delikat – mit Tessiner Feigen-Soße (auch als Feigensenf bezeichnet und in guten Reformhäusern und Feinkostläden erhältlich) oder schwedischen Moosbeeren zu versuchen.

Bayerischer Wildschweinbraten

Zutaten für 4 Personen

1 bis 1,2 kg
Wildschweinbraten
vom Hals oder Rücken
eines Überläufers

4 Knoblauchzehen

1 EL Majoran

1 TL Kümmel

1 EL abgeriebene
Zitronenschale

2 Zwiebeln

3 Möhren

2 Scheiben Sellerie

1 kleine Stange Lauch

je 1 Zweig Rosmarin
und Thymian

1/4 bis 1/2 l Fleischbrühe
(Instant)

2 EL Butterschmalz

Salz

frisch gemahlener Pfeffer

- Wildschweinbraten mit Salz und Pfeffer kräftig würzen
- 2 Knoblauchzehen schälen und klein hacken
- Majoran, Kümmel und Zitronenschale dazugeben und gut vermischen
- Wildschweinbraten mit dieser Gewürzmischung einreiben
- Backofen auf 200 °C (Umluft 180 °C, Gas Stufe 4) vorheizen
- Butterschmalz im Bräter erhitzen und den Braten darin rundherum anbraten, bis er Farbe annimmt, dann im Backofen 60 bis 70 Minuten garen
- Das Fleisch zwischendurch immer wieder mit der Fleischbrühe ablöschen
- Währenddessen Zwiebeln schälen und klein schneiden
- Möhren, Sellerie und Lauch putzen und klein schneiden
- Die beiden übrigen Knoblauchzehen schälen und fein würfeln, die Kräuter verlesen, waschen und fein hacken
- Gemüse mit den Kräutern nach der Hälfte der Garzeit zum Fleisch geben; nach Ende der Garzeit den Wildschweinbraten herausnehmen und in Scheiben schneiden
- Soße durch ein Sieb geben, mit Salz und Pfeffer abschmecken, zum Wildschweinbraten geben, eventuell mit Rosmarinzweigen garnieren
- Mit Semmelknödeln oder bayerischem Kartoffelsalat sowie einem kühlen Bier servieren.

In Bayern, Franken und Thüringen gibt es den besten Schweinebraten Deutschlands. Warum sollte man hier nicht auch den besten Wildschweinbraten Deutschlands zubereiten?

Tipp

Die bayerischen Beilagen Semmelknödel oder Kartoffelsalat verlangen nach viel Soße, deshalb empfiehlt sich ein Braten vom Halsstück, das saftiger ist.

Hirschgulasch
mit Nussmischung

Zutaten für 4 Personen

800 g Hirschgulasch

je 25 g ganze oder halbe Kerne von Haselnüssen, Walnüssen und gegarten Maronen

1 EL Majoran

1 TL Thymian

Salz

Pfeffer

1 mittelgroße Zwiebel

1 Bd Suppengrün

2 EL Butterschmalz

2 – 3 EL Tomatenmark

1/4 l Rotwein

1/2 l Gemüsebrühe

1 Becher Sahne

eventuell Speisestärke zum Binden

- Die Fleischstücke von Sehnen und Fett befreien, waschen, trocken-tupfen und mit Salz, Pfeffer, Majoran und Thymian einreiben
- Zwiebel schälen, Suppengrün putzen und beides klein schneiden
- Backofen auf 200 °C (Umluft 180 °C, Gas Stufe 4) vorheizen
- Butterschmalz im Bräter erhitzen, Gulasch hineingeben, unter ständigem Rühren gut durchbraten, dann Zwiebel und Suppengrün hinzugeben
- Tomatenmark einrühren, anbraten, mit Rotwein ablöschen und die Gemüsebrühe angießen
- Gulasch im Backofen zugedeckt etwa 1 1/4 Stunden schmoren lassen
- Herausnehmen, Sahne einrühren und falls erforderlich die Soße mit in etwas kalter Sahne verrührter Speisestärke binden
- Nussmischung hinzufügen und einmal kurz aufkochen lassen
- Hirschgulasch anrichten, mit Salatblättern garnieren und mit Reis oder Nudeln servieren.

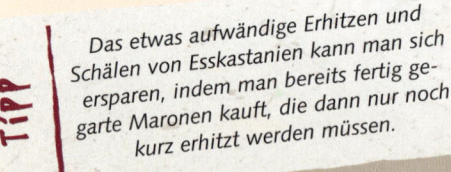

Tipp

Das etwas aufwändige Erhitzen und Schälen von Esskastanien kann man sich ersparen, indem man bereits fertig gegarte Maronen kauft, die dann nur noch kurz erhitzt werden müssen.

Saarländisches Hirschfilet
in Cognac-Pfeffer-Soße

Zutaten für 4 Personen

800 g Rückenfilet vom Hirsch

2 Schnapsgläser Cognac

Gewürzsalzmischung (vorzugsweise Liebstöckelsalz)

Salz

frisch gemahlener Pfeffer

50 g grüne Pfefferkörner (aus dem Glas)

3 Schalotten

100 g kalte Butterstücke

1/4 l Wildfond

2 EL Butterschmalz

- Filet häuten, waschen, trockentupfen und beidseitig mit der Hälfte des Cognacs einreiben
- 10 Minuten ziehen lassen und dann mit Liebstöckelsalz, Pfeffer und Salz würzen
- Grüne Pfefferkörner auf ein Sieb geben, warm abspülen und abtropfen lassen
- Butterschmalz in einer Pfanne erhitzen, das Filet rundherum anbraten und überschüssiges Fett abgießen
- Schalotten schälen und fein schneiden
- Schalotten hinzugeben und anbraten, mit etwas Wildfond ablöschen, dann zudecken und das Filet bei mittlerer Hitze etwa 30 Minuten garen
- Bratensatz zwischendurch mehrfach mit Wildfond lösen
- Filet aus der Pfanne nehmen, in Alufolie einschlagen und warm halten
- Bratensatz mit dem restlichen Cognac ablöschen, mit dem verbliebenen Wildfond loskochen, durch ein Sieb geben und einmal kurz aufkochen lassen
- Vom Herd nehmen, die kalten Butterstücke zufügen und die Soße mit dem Pürierstab schaumig schlagen
- Grüne Pfefferkörner in die Soße geben
- Filet in Scheiben schneiden, auf einer vorgewärmten Platte anrichten und mit der Soße und Kartoffelkroketten servieren.

Harzer Hirschkeule

Zutaten für 4 Personen

Für das Fleisch:

1 kg Hirschkeule
500 g Weißkohl
2 Stangen Lauch
2 Scheiben Sellerie
6 kleine Zwiebeln
3 Möhren
2 kleine Fenchel
2 l Rinderbrühe
1 Bd Thymian
einige Pfefferkörner
2 – 3 EL Butter

Für die Soße:

2 Becher saure Sahne
250 g durchwachsener Räucherspeck
1 Bd Schnittlauch

Für das Fleisch:

- Rinderbrühe mit ein paar Pfefferkörnern und Thymian in einem großen Topf aufkochen
- Lauch und Sellerie putzen, waschen und in Stücke schneiden, 10 Minuten in der Brühe garen und wieder aus dem Topf nehmen
- Salzwasser in einem großen Topf erhitzen
- Außenblätter sowie den Strunk des Weißkohls entfernen, waschen, trocknen und in Stücke schneiden, den Kohl 5 Minuten in Salzwasser blanchieren und anschließend 10 Minuten in der Brühe garen, dann wieder herausnehmen
- Fleisch so in die Brühe legen, dass es bedeckt ist und in etwa 2 Stunden mürbe kochen
- Zwiebeln schälen, Möhren putzen und grob zerkleinern, Fenchel halbieren
- Nach etwa einer Stunde die Zwiebeln, die Möhren und die Fenchel 10 Minuten mitgaren und dann ebenfalls wieder aus der Brühe nehmen

Für die Soße:

- Den Speck in Stücke schneiden, in der Pfanne richtig knusprig braten, auf Küchenpapier abtropfen und abkühlen lassen
- Saure Sahne in einem Topf langsam erwärmen
- Den Schnittlauch in feine Röllchen schneiden und zusammen mit dem Speck in die saure Sahne einrühren

- Hirschkeule aus der Brühe nehmen, in Scheiben schneiden und warm stellen
- Das gesamte Gemüse in der Brühe nochmals erhitzen
- Fleischscheiben mit etwas Brühe übergießen, das Gemüse dazulegen, mit zerlassener Butter beträufeln und mit der Sahnesoße und Salzkartoffeln servieren.

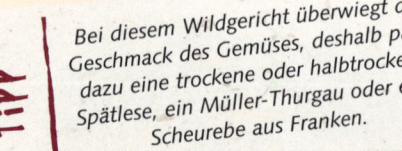

Tipp

Bei diesem Wildgericht überwiegt der Geschmack des Gemüses, deshalb passt dazu eine trockene oder halbtrockene Spätlese, ein Müller-Thurgau oder eine Scheurebe aus Franken.

Gefüllte Holsteiner Damhirschkeule

Zutaten für 4 Personen

Für das Fleisch:

1 Damhirschkeule (mit Knochen)

150 g Schweinenetz

1 Zwiebel

1 Möhre

1/2 Stange Lauch

1/4 l Fleischbrühe

1 Glas Rotwein

Salz

frisch gemahlener Pfeffer

2 EL Butterschmalz

Für die Füllung:

250 g Hackfleisch vom Schwein

100 g Hirschleber (oder Rinderleber)

150 g durchwachsener Räucherspeck

1 Ei

100 g Tiefkühl-Erbsen

1 Möhre

1/2 rote oder gelbe Paprikaschote

2 Scheiben Kohlrabi

1 Bd Majoran

- Die Knochen aus der Keule lösen, den Oberschenkelknochen aufheben
- Das Schweinenetz lauwarm abspülen und ausgebreitet auf Küchenpapier trocknen, falls nötig mit der Schere zurechtschneiden und die fettreichen, dickeren Außenteile entfernen
- Hirschleber klein schneiden und Räucherspeck in feine Würfel schneiden
- Mit dem Ei zu dem Hackfleisch geben
- Paprika, Kohlrabi und Möhre putzen und würfeln
- Mit Salz, Pfeffer und den abgezupften Majoranblättern würzen und mit den Erbsen und der Hackfleischmischung gut vermengen
- Keule innen leicht salzen und Füllung hineingeben
- Außen salzen, pfeffern und im Schweinenetz so einrollen, dass die Füllung gut eingewickelt ist
- Backofen auf 200 °C (Umluft 180 °C, Gas Stufe 4) vorheizen
- Zwiebel schälen, Möhre und Lauch putzen und alles grob zerkleinern
- Bräter mit Butterschmalz einfetten und die Keule darin auf dem Herd rundherum anbraten
- Für die Soße den verbliebenen Oberschenkelknochen, die Zwiebel, die Möhre und den Lauch mit der Brühe und dem Rotwein dazugeben
- Alles etwa drei Stunden im Backofen garen, zwischendurch immer wieder mit Brühe übergießen
- Anschließend die Keule in nicht zu dünne Scheiben schneiden und auf einer vorgewärmten Platte anrichten
- Die Bratensoße durch ein Sieb geben
- Mit Rosenkohl und Salzkartoffeln als Beilage servieren.

Tipp

Es gibt Jäger und Köche, die den Oberschenkelknochen ohne einen Schnitt von außen herauslösen können. Dann erhält man automatisch eine Höhlung für die Füllung. Da dann das Schweinenetz entfällt, kann man die Keule mit feinem Räucherspeck umwickeln.

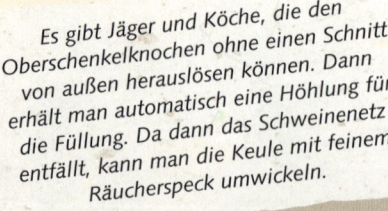

Lüneburger Damwildbraten
in Honig-Senf-Kruste

Zutaten für 4 Personen

Für das Fleisch:

1,5 kg Damwildbraten (Keule)

1/4 l Fleischbrühe

1/4 l Weißwein

3 EL Blütenhonig

2 EL mittelscharfer Senf

2 TL Tessiner Feigen-Soße (Feigensenf)

3 EL Semmelbrösel

2 EL Butterschmalz

Salz

frisch gemahlener Pfeffer

Für das Gemüse:

2 Möhren

je 1 grüne, rote und gelbe Paprikaschote

1 Scheibe Sellerie

1/4 l Gemüsebrühe

1 Becher Sahne

Saft einer Zitrone

1/4 l gebundene Rotwein-Wildsoße

Worcestersoße

Liebstöckelblätter (Maggikraut) zum Garnieren

- Backofen auf 200 °C (Umluft 180 °C, Gas Stufe 4) vorheizen
- Den enthäuteten Wildbraten waschen, trockentupfen, mit Salz und Pfeffer kräftig würzen
- In einem Bräter auf dem Herd in Butterschmalz rundherum anbraten, dann mit etwas Fleischbrühe und Weißwein im geschlossenen Bräter im vorgeheizten Backofen mindestens eine Stunde garen
- Während der Garzeit öfter etwas Fleischbrühe und Weißwein nachfüllen
- 10 Minuten vor Ende der Garzeit den Honig, die Feigen-Soße, den Senf sowie die Semmelbrösel verrühren und damit den Braten bestreichen
- Das Gemüse waschen, putzen und würfeln, die Gemüsebrühe in einem Topf erhitzen
- Das Gemüse in der Brühe bissfest garen (unterschiedliche Garzeiten beachten), herausnehmen und bereitstellen
- Brühe bei starker Hitze auf die Hälfte einkochen lassen, Sahne einrühren, aufkochen lassen und eventuell mit etwas Speisestärke, die vorher in etwas kaltem Wasser angerührt wurde, binden
- Die Soße mit Zitronensaft, Worcestersoße, Salz und Pfeffer abschmecken
- Das beiseite gelegte Gemüse in der Soße nochmals erhitzen, falls nötig nachwürzen und auf vorgewärmten Tellern anrichten
- Damwildbraten in Scheiben schneiden, auf das Gemüse legen, mit der Rotweinsoße beträufeln, mit Liebstöckel garnieren und sofort servieren.

Das Damwild ist die einzige Hirschart, die einen wirklich erkennbaren Schwanz besitzt, mit dem die Tiere auch ständig „wedeln". Darum heißt der Schwanz in der Jägersprache auch Wedel.

TIPP

Dazu passen entweder kleine, gebratene Kugelkartoffeln oder Kartoffelkroketten sowie Kartoffel-Sahne-Püree-Häubchen. Die fertige Rotwein-Wildsoße lässt sich auch leicht durch eine Soße aus Hagebuttenmarmelade, Bratensatz, Rotwein und ein wenig saurer Sahne selbst herstellen.

Damwildgeschnetzeltes
mit Kräutersoße

Zutaten für 4 Personen

800 g Filet vom Damwild

250 g frische Waldpilze

je 1 TL geschrotete Pfefferkörner und Wacholderbeeren

1 Zwiebel

Saft einer Zitrone

1 Glas Rotwein

1/4 l gebundene Wildsoße (Fertigprodukt)

1 Becher Crème fraîche

2 Chilischoten

1 Tasse gehackte gemischte Kräuter

Salz

frisch gemahlener Pfeffer

Rosmarinzweige und Chilischoten zum Garnieren

- Damwildfilet waschen, trockentupfen, mit den geschroteten Pfefferkörnern und Wacholderbeeren einreiben, in Streifen schneiden, mit Salz und Pfeffer nachwürzen
- Filetstreifen im erhitzten Butterschmalz unter ständigem Rühren gar braten
- Fleischstreifen herausnehmen und warm stellen
- Zwiebel schälen und klein hacken
- Pilze putzen, in mundgerechte Stücke schneiden und mit Zitronensaft beträufeln
- Die Zwiebeln im verbliebenen Fett glasig braten
- Die Pilze zu den Zwiebeln geben und kurz mitbraten
- Mit Rotwein ablöschen und die gebundene Wildsoße angießen
- Chilischoten entkernen und in Streifen schneiden – danach unbedingt die Hände waschen
- Crème fraîche und die Chilistreifen in die Soße einrühren und das Ganze kochen lassen, bis die Soße sämig wird
- Die Fleischstreifen sowie die Kräutermischung unter die Soße heben
- Soße abschmecken, mit Rosmarinzweigen und Chilischoten garnieren und zusammen mit Penne oder Makkaroni angerichtet auf vorgewärmten Tellern servieren.

Tipp

Man rechnet etwa 400 g Nudeln für vier Personen. Im Salzwasser – ohne Öl, da sich sonst die Nudeln nicht mit der Soße verbinden – nach Anweisung kochen, auf ein Sieb geben, mit kaltem Wasser kurz abbrausen, damit sie nicht zusammenkleben und sofort servieren. Nudelgerichte aller Art dürfen nie auf die Gäste warten, sondern die Gäste müssen kurz auf die Nudeln warten.

Mufflonkoteletts

Zutaten für 4 Personen

800 g küchenfertige Muffelkoteletts

2 Gläser Rotwein

1 Zwiebel

1 Möhre

1/2 Scheibe Sellerie

1/2 Stange Lauch am Stück

1 Zweig Rosmarin

1 TL Wacholderbeeren

1/4 l Gemüse-, Fleisch- oder Wildbrühe

2 EL neutrales Speise- oder Olivenöl

1 Becher Sahne

2 EL Crème fraîche

Salz

frisch gemahlener Pfeffer

einige Zweige Rosmarin zum Garnieren

- Koteletts waschen, in eine Schüssel geben und mit Rotwein übergießen
- Das geputzte und grob zerkleinerte Gemüse sowie Rosmarin und Wacholderbeeren hinzugeben und über Nacht ziehen lassen
- Koteletts aus der Marinade nehmen, trockentupfen und im erhitzten Öl in einer Pfanne beidseitig kräftig anbraten
- Bratensatz mit der Marinade loskochen
- Wild- oder Gemüsebrühe hinzugeben und etwas reduzieren lassen
- Sahne hinzufügen und zu einer sämigen Soße verrühren
- Zum Schluss die Crème fraîche unterrühren
- Mit Salz und Pfeffer kräftig würzen
- Koteletts auf einer vorgewärmten Platte anrichten, die Soße passieren, zum Fleisch geben, mit Rosmarin garnieren und mit Rosenkohl (oder frischem Feldsalat mit Kürbiskernöl-Vinaigrette) und Salzkartoffeln servieren.

Tipp

Zu Muffelfleisch passt immer auch Knoblauch, den man vor dem Servieren direkt aus der Knoblauchpresse über das Fleisch drückt.

Allgäuer Gamsblatt
in Wacholderrahm

Zutaten für 4 Personen

1 Gamsblatt (Schulter)

1 Scheibe Sellerie

1 Stange Lauch
(nur das Weiße)

4 Möhren

1 Tasse Fleischbrühe

250 g saure Sahne

20 Wacholderbeeren

Salz

frisch gemahlener Pfeffer

3 – 4 EL Butter

Für die Marinade:

1/2 l Weißwein

1/8 l Olivenöl
(oder neutrales Speiseöl)

4 Schalotten

1/2 Bd Thymian

- Für die Marinade die Schalotten schälen, in Scheiben schneiden und mit den restlichen Marinade-Zutaten kurz aufkochen, dann abkühlen lassen
- Das Blatt enthäuten, mit der Marinade übergießen und 48 Stunden im Kühlschrank ziehen lassen
- Backofen auf 200 °C (Umluft 180 °C, Gas Stufe 4) vorheizen
- Braten aus der Marinade nehmen, trockentupfen, salzen, pfeffern, in einen Bräter geben und mit zerstoßenen Wacholderbeeren einreiben
- Butter zerlassen
- Fleisch mit der zerlassenen Butter übergießen, die Fleischbrühe und eine Tasse durchgesiebte Marinade dazugeben und 1 Stunde zugedeckt im Backofen garen
- Das Gemüse putzen und in nicht zu kleine Stücke schneiden, nach der ersten Stunde Garzeit dazugeben, alles 1 weitere Stunde garen
- Zum Schluss bei offenem Bräter 10 Minuten bräunen
- Saure Sahne in die Bratensoße geben und einrühren
- Mit Schupfnudeln oder Kartoffelspalten servieren.

Tipp

Planen Sie 48 Stunden Marinierzeit ein. Zu diesem echten „Bergler" passt ein krachtrockener Tiroler Rotwein.

Kaninchenfilets
auf Basilikum

Zutaten für 4 Personen

**Rückenfilets von
4 Wildkaninchen**

1 Tasse Fleischbrühe

4 EL Quittengelee

8 Nelken

1 Zitrone

1 Topf frisches Basilikum

Salz

frisch gemahlener Pfeffer

2 EL Butter

- Die enthäuteten, gewaschenen und trockengetupften Filets flach klopfen, salzen und pfeffern
- Die Fleischbrühe mit dem Quittengelee und den Nelken in einer Pfanne erhitzen und leicht reduzieren
- In einer zweiten Pfanne die Filets in Butter von beiden Seiten anbraten, dann in die erste Pfanne geben
- Zugedeckt in etwa 5 Minuten fertig dünsten und mit Zitronensaft beträufeln
- Das Basilikum in feine Streifen scheiden, die Filets damit bestreuen und das Ganze in einem Bett aus grünen Bohnen und Kaiserschoten auf einer vorgewärmten Platte servieren.

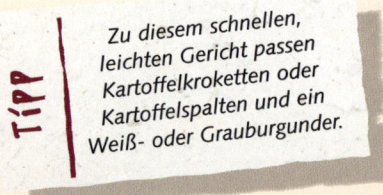

Tipp

Zu diesem schnellen, leichten Gericht passen Kartoffelkroketten oder Kartoffelspalten und ein Weiß- oder Grauburgunder.

Wildkaninchen, sagen die Jäger, sind vorne zu schnell und hinten zu klein. Und für viele Köche oder Köchinnen sind sie in der Pfanne häufig zu klein.

Gratinierte Kaninchenrücken

Zutaten für 4 Personen

2 Kaninchenrücken

2 Knoblauchzehen

300 g Raclettekäse, in dünne Scheiben geschnitten

1/8 l Weißwein

1 Becher Crème fraîche

etwas Estragon, Kerbel oder Salbei und Rosmarinblätter

Salz

frisch gemahlener Pfeffer

Öl zum Braten

- Rücken häuten und das sichtbare Fett wegschneiden
- Filets entlang des Rückens vom Wirbelknochen lösen
- Knoblauchzehen schälen und zerdrücken
- Jeweils zwei Rückenteile zusammenlegen und mit Salz, Pfeffer und Knoblauch einreiben
- Backofen auf 200 °C (Umluft 180 °C, Gas Stufe 4) vorheizen
- Öl in einem Bräter erhitzen und Rückenteile beidseitig anbraten
- Deckel schließen und 30 Minuten im Ofen braten
- Zwischendurch immer wieder mit Bratfett begießen
- Fleischteile herausnehmen, in Alufolie legen und warm halten
- Bratensatz mit Weißwein loskochen
- Estragon, Kerbel und einige Rosmarinblätter auf die Rückenteile streuen und die Fleischteile mit den Käsescheiben bedecken (eventuell mit Spießchen befestigen)
- Die Rückenteile zurück in den Bräter legen und bei geöffnetem Deckel so lange braten, bis der Käse geschmolzen ist
- Rücken entnehmen, eventuell Spießchen entfernen, mit den restlichen Rosmarinblättern (oder gehackter Kräutermischung) bestreuen
- Bratensaft mit Crème fraîche anreichern
- Je ein halbes Rückenteil auf einem Teller mit Spagetti und Blatt- oder gemischtem Salat als Beilage servieren.

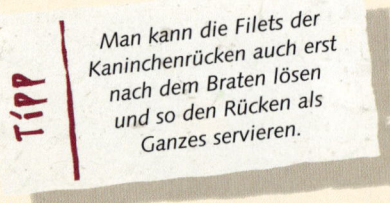

Tipp

Man kann die Filets der Kaninchenrücken auch erst nach dem Braten lösen und so den Rücken als Ganzes servieren.

Rheinischer Topfhase

Zutaten für 4 Personen

1 küchenfertiger
(portionierter) Feldhase

200 g magerer
Schweinebauch

100 g durchwachsener
Räucherspeck

2 EL Öl

2 Zwiebeln

1 TL Thymian

200 g Maronen

1 Becher Sahne

3/4 l Rotwein

1 Bd Suppengrün

1 Prise Nelkenpulver

1 Lorbeerblatt

einige Wacholderbeeren

Salz

frisch gemahlener Pfeffer

Saft von einer Orange

- Zwiebeln schälen und fein hacken
- Suppengrün putzen und klein schneiden
- Schweinebauch und Speck in Streifen schneiden, im erhitzten Öl anbraten, herausnehmen und bereitstellen
- Hasenteile im Bratfett von allen Seiten gut anbraten
- Die Zwiebeln mit dem Schweinebauch und dem Speck dazugeben
- Kurz mitbraten und mit Salz, Pfeffer, Thymian und Nelkenpulver bestreuen
- Lorbeerblatt und Wacholderbeeren untermischen
- Suppengrün zum Fleisch geben und ebenfalls kurz mitbraten
- Rotwein mit Orangensaft und Sahne vermischen, über das Fleisch gießen und alles zugedeckt etwa 1 Stunde bei mäßiger Hitze köcheln lassen
- Esskastanien kreuzweise einschneiden und mit der Schnittfläche nach oben für 2 Minuten im Mikrowellengerät erwärmen oder bei 150 °C im Backofen backen, bis sich die Schalen nach außen wölben
- Esskastanien schälen und für die letzten 10 bis 15 Minuten zum Braten geben
- Den Topfhasen abschmecken, dekorativ mit ein paar Orangenscheiben oder gedünsteten Apfelscheiben anrichten und mit Spätzle, Makkaroni oder Bandnudeln servieren.

TIPP

Früher galt es, den geschossenen Hasen unausgeweidet mehrere Tage hängen zu lassen. Das ist falsch! Auch der Hase gehört nach dem Schuss sofort ausgeweidet (ausgeworfen) und sollte anschließend mit einer wieder notdürftig mit Tannengrün gefüllten Bauchhöhle kühl ein paar Tage abhängen, sofern er nicht gleich in die Kühltruhe wandert.

Fränkisches Hasenfilet
mit Linsengemüse

Zutaten für 4 Personen

4 küchenfertige Hasenrückenfilets

je 200 g graue und rote Linsen

200 g Morcheln

1/2 Glas (2 gute EL) grüne Pfefferkörner

300 g Brokkoli

je 1 TL Majoran und Thymian

1 Zwiebel

1/4 l Weißwein

3/8 l gebundene Wildsoße

1 Prise Zucker

2 – 3 EL Balsamico-Essig

mindestens 1/4 l Gemüsebrühe

Salz

frisch gemahlener Pfeffer

2 Lorbeerblätter

einige Wacholderbeeren

2 EL Butterschmalz

- Die grauen Linsen am Abend vorher abspülen und in kaltem Wasser einweichen, falls nötig Wasser nachgießen, damit sie immer bedeckt sind

- Die eingeweichten grauen Linsen im Einweichwasser zusammen mit Lorbeerblättern und Wacholderbeeren in einen Topf geben und etwa 30 Minuten kochen

- Nach 10 Minuten Kochzeit die roten Linsen hinzugeben, dann Gemüsebrühe zufügen und öfter umrühren

- In der Zwischenzeit den Brokkoli in Röschen teilen und bissfest garen, abgießen und beiseite stellen

- Hasenrückenfilets waschen, trockentupfen, mit Salz, Pfeffer, Majoran und Thymian kräftig einreiben und im erhitzten Butterschmalz braten, so dass sie innen noch rosa sind

- Die gebratenen Filets aus der Pfanne nehmen und warm halten

- Zwiebel schälen, fein hacken und im verbliebenen Bratenfett glasig anbraten

- Mit Weißwein ablöschen, die gebundene Wildsoße angießen und kräftig mit Salz und Pfeffer abschmecken

- Morcheln putzen, quer in Scheiben schneiden und zehn Minuten in kaltem Wasser einlegen, dann mit den grünen Pfefferkörnern in die Soße geben und erhitzen

- Zehn Minuten vor Kochende die Brokkoliröschen unter das Linsengemüse heben und mit Salz, Pfeffer, Zucker und Balsamico-Essig süßsauer abschmecken

- Die fertigen Hasenrückenfilets in Scheiben schneiden, anrichten, mit der Morchel-Pfeffersoße überziehen und eventuell mit Petersiliensträußchen garnieren

- Mit dem Linsengemüse und Kartoffelbällchen servieren.

Tipp

Statt der Brokkoliröschen lassen sich auch feine Möhrenscheiben oder Brechbohnenspitzen unter das Linsengemüse mischen.

Die Linse – die Königin der Hülsenfrüchte – führt bei uns ein etwas unwürdiges Dasein. Dabei ist sie ein gutes, lange lagerfähiges und preiswertes Gemüse, das zu fast allen Eintöpfen und auch Wildgerichten passt.

Gebratene Westerländer Wildgans

Zutaten für 4 Personen

Für die Gans:

1 Graugans, küchenfertig

2 Möhren

1 Zwiebel

1 Stange Lauch

1 Scheibe Sellerie

3 Tassen Hühnerbrühe

2 TL Ingwerpulver

Salz

frisch gemahlener Pfeffer

Butter

getrocknete Apfel- und Orangenscheiben (siehe unten) zum Garnieren

Spieß zum Verschließen der Gans

Für die Füllung:

500 g Maronen

500 g säuerliche Äpfel

500 g Orangen

- Die gerupfte, ausgenommene Gans waschen und trockentupfen, innen salzen und mit Ingwerpulver einreiben
- Maronen kreuzweise einschneiden, 2 Minuten im Mikrowellengerät auf höchster Stufe erhitzen und schälen oder im Backofen bei 150 °C so lange garen, bis sich die Schale nach außen wölbt, dann schälen
- Äpfel und Orangen schälen und in Stücke schneiden, dabei das Kernhaus der Äpfel und dickere weiße Häute der Orangen entfernen
- Backofen auf 200 °C (Umluft 180 °C, Gas Stufe 4) vorheizen
- Die Gans mit Maronen, Apfel- und Orangenstücken füllen und mit einem Spieß verschließen
- Gans außen salzen und pfeffern und mit der Brust nach unten in den Bräter legen
- Zwiebel schälen und grob hacken, Gemüse putzen und klein schneiden, zur Gans geben
- 2 Tassen Brühe angießen
- Die Gans zugedeckt mindestens 1 Stunde braten, bis der Rücken Farbe angenommen hat
- Gans wenden, restliche Brühe dazugeben und zugedeckt weitere 1 1/2 Stunden braten, dabei die letzten 15 Minuten ohne Deckel
- Gans herausnehmen und warm stellen, Fett von der Soße schöpfen
- Gans tranchieren, mit der Füllung anrichten, mit getrockneten Orangen- und Apfelscheiben garnieren und zusammen mit Salzkartoffeln und Rotkohl sowie der Soße servieren.

TIPP

Die Garzeit bei Wildgänsen ist sehr unterschiedlich, da sie vom Alter der Gans abhängt. Sie kann bis zu vier Stunden dauern. Deshalb empfiehlt sich auch hier ganz besonders die Verwendung eines Fleischthermometers.

Getrocknete Orangenscheiben stellt man ganz leicht selbst her, indem man die Scheiben bei 100 °C in den Backofen auf ein Backblech legt und so lange dörrt, bis sie den richtigen Trocknungsgrad haben.

Rheingauer Fasanenbrust
auf Paprika-Creme

Zutaten für 4 Personen

6 Fasanenbrüste

250 g Tomaten

1 rote Paprikaschote

1 Zwiebel

1 rote Chilischote

1 Tasse Hühnerbrühe

1/2 Becher saure Sahne

2 Eigelb

4 EL geriebener Parmesan

1 Hand voll Basilikumblätter (frisch vom Topf)

Salz

2 EL Butter zum Braten

- Tomaten kreuzweise einschneiden, mit kochendem Wasser überbrühen, häuten, halbieren, entkernen und in Stücke schneiden
- Fasanenbrüste von beiden Seiten in Butter anbraten
- 1/2 Tasse Brühe dazugießen und zugedeckt fertiggaren, bis das Fleisch gut durch ist
- Das Fleisch aus der Pfanne nehmen, salzen und in Alufolie einschlagen
- Zwiebel schälen und klein hacken, Paprika putzen und in Würfel schneiden
- Chili entkernen und in feine Streifen schneiden – anschließend sofort Hände waschen
- Zwiebel in derselben Pfanne glasig braten
- Paprikawürfel zusammen mit dem Tomatenfleisch dazugeben
- Die klein geschnittene Chilischote hinzugeben und mit der restlichen Brühe ablöschen
- Salzen und dünsten, bis die Flüssigkeit fast verdampft ist
- Bis auf einige Blättchen zum Garnieren das Basilikum klein schneiden und in das Gemüse streuen
- Die Pfanne vom Herd nehmen und die saure Sahne, den Parmesan sowie das Eigelb hineinrühren und abschmecken
- Fasanenbrüste zurück in die Pfanne legen und bei geringer Hitze aufwärmen
- Mit ganzen Basilikumblättern garnieren und das Gericht in der Pfanne mit Reis oder gelben Bandnudeln servieren.

Tipp

Dieses Gericht lässt sich variieren, indem man es mit roten Linsen und mittelscharfem Paprikapulver (statt saurer Sahne) zubereitet.

Bei einem Fasanenhahn lässt sich das Alter recht gut feststellen. Je länger, spitzer und ausgeprägter der Sporn am Fuß des Hahnes ist, desto höher ist sein Alter und desto zäher ist sein Fleisch.

Wildentenfilets
im Speckmantel

Zutaten für 4 Personen

4 küchenfertige, enthäutete Wildentenbrustfilets

8 dünne Scheiben durchwachsener Räucherspeck

8 Dörrpflaumen

1 TL Kräuter der Provence

8 Wacholderbeeren

8 Pfefferkörner

8 Tomaten

Salz

frisch gemahlener Pfeffer

2 EL Butterschmalz

400 g Brokkoli

2 EL Butter

- Dörrpflaumen zum Einweichen in lauwarmes Wasser legen
- Wildentenbrustfilets waschen, trockentupfen und leicht mit Salz einreiben
- Pfefferkörner und Wacholderbeeren im Mörser zerstoßen oder mit der Mühle mahlen, mit den Kräutern der Provence mischen und die Filets damit kräftig einreiben
- Filets mit den abgetropften Dörrpflaumen belegen
- Mit je 2 Speckscheiben umwickeln, diese feststecken und die Filets im erhitzten Butterschmalz gar braten, dann herausnehmen und warm stellen
- Tomaten waschen, häuten, entkernen und in Würfel schneiden
- Die Hälfte der Tomaten im Mixer pürieren, in einen Topf geben und erhitzen
- Mit Salz, Pfeffer und Kräutern der Provence abschmecken und die restlichen Tomatenwürfel unterheben
- Den Brokkoli putzen und in Salzwasser bissfest garen, anschließend in Butter schwenken
- Die Wildentenbrustfilets im Speckmantel mit Brokkoli und Kartoffelkroketten dekorativ anrichten, die Tomatenwürfel mit Soße dazugeben und servieren.

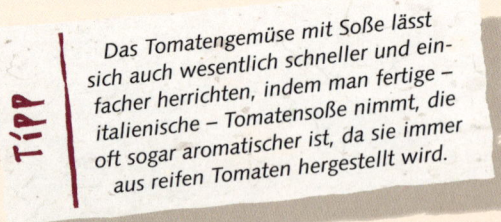

Tipp

Das Tomatengemüse mit Soße lässt sich auch wesentlich schneller und einfacher herrichten, indem man fertige – italienische – Tomatensoße nimmt, die oft sogar aromatischer ist, da sie immer aus reifen Tomaten hergestellt wird.

Wildenten, insbesondere Stockenten, werden – wenn nicht anders empfohlen – nicht gerupft, sondern enthäutet, indem man einen Brustschnitt vollzieht und mit beiden Händen den inneren Wildkörper regelrecht herausschält.

Wildente
auf Wirsingkohl

Zutaten für 4 Personen

Für die Ente:

**1 enthäutete Stockente
(oder zwei kleine Wildenten
wie Krick- oder Pfeifente)**

Salz

frisch gemahlener Pfeffer

2 EL Butterschmalz

Für das Gemüse:

750 g Wirsingkohl

**150 g durchwachsener
Räucherspeck**

2 Möhren

2 Zwiebeln

1 Prise Muskat

1 Prise Kümmel

Für die Ente:

- Die enthäutete Wildente ausnehmen, waschen, trockentupfen und zerteilen (jeweils 2 Brusthälften, 2 Keulen, 2 Flügelknochen)
- Backofen auf 200 °C (Umluft 180 °C, Gas Stufe 4) vorheizen
- Entenstücke salzen und pfeffern
- Entenstücke im erhitzten Butterschmalz im Bräter anbraten, Deckel auflegen und im Backofen unter gelegentlichem Wenden etwa 30 Minuten braten
- Aus dem Bräter nehmen, beiseite legen und warm halten
- Backofen auf 180 °C (Umluft 160 °C, Gas Stufe 3) herunterschalten

Für das Gemüse:

- In der Zwischenzeit den Wirsingkohl vierteln, Strunk und Außenblätter entfernen, in Streifen schneiden, in Salzwasser blanchieren und anschließend abtropfen lassen
- Speck in Streifen schneiden
- Zwiebeln schälen, Möhren putzen und beides in Scheiben schneiden
- Speck und Zwiebeln im Bräter anbraten, Wirsing und Möhren dazugeben, vermengen, mit Salz, Pfeffer, Kümmel und Muskat abschmecken und die Entenstücke darauf legen
- Zugedeckt im Ofen nochmals etwa 30 Minuten garen, dann im Bräter zusammen mit Bratkartoffeln servieren.

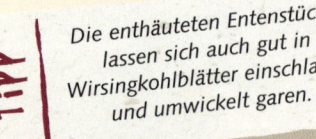

Tipp

Die enthäuteten Entenstücke lassen sich auch gut in Wirsingkohlblätter einschlagen und umwickelt garen.

Ringeltäubchen
auf Salat

Zutaten für 4 Personen

Für die Tauben:

4 küchenfertige Ringeltauben

1 Dose Maronen

1 Glas Weißwein

1 Tasse Gemüsebrühe

1 TL Wacholderbeeren

1 TL Pimentkörner

1 TL Kräuter der Provence

1 Bd Suppengrün

2 – 3 EL Butterschmalz

Salz

frisch gemahlener Pfeffer

Für den Salat:

200 g gemischte Blattsalate

1 Tasse Walnusskerne

1/2 Tasse Kürbiskernöl

50 g Salat-Instant „italienisch"

1 TL mittelscharfer Senf

Für die Tauben:

- Die küchenfertigen Tauben waschen, trockentupfen und mit Salz und Pfeffer würzen
- Wacholderbeeren und Pimentkörner im Mörser zerstoßen oder in der Mühle mahlen, mit den Kräutern der Provence mischen und damit die Tauben einreiben
- Suppengemüse putzen und klein schneiden
- Backofen auf 200 °C (Umluft 180 °C, Gas Stufe 4) vorheizen
- Butterschmalz im Bräter erhitzen, Tauben hineinlegen und rundherum anbraten, bis sie Farbe angenommen haben
- Das Suppengemüse hinzugeben
- Bräter verschließen und die Tauben im Backofen knapp 1 Stunde braten
- Während des Bratens mehrmals mit Weißwein und Gemüsebrühe übergießen
- Die letzten 20 Minuten vor Bratende die Esskastanien abtropfen lassen und hinzugeben

Für den Salat:

- Zwischendurch die Salate verlesen, waschen, trockenschleudern und in mundgerechte Stücke zupfen
- Walnusshälften darüber streuen
- Salat-Instant in eine Schüssel geben, Kürbiskernöl sowie Senf hinzufügen, gut untermischen und eventuell mit einem Spritzer Mineralwasser verdünnen
- Einige Minuten ziehen lassen, dann zum Salat geben und unterheben

- Täubchen mit den Esskastanien auf dem Salat anrichten und mit einer dicken Scheibe Weißbrot sofort servieren.

TIPP
Zu den Täubchen passt eine fränkische halbtrockene Scheurebe.
Statt Kürbiskernöl (schmeckt etwas nussig) kann man auch extra natives Olivenöl verwenden.

Markgräfler Taubenbrust
auf roten Linsen

Zutaten für 4 Personen

Für die Taubenbrust:

8 Ringeltaubenbrüste

1 EL Butterschmalz

1/2 l Hühnerbrühe

**2 Frühlingszwiebeln
(oder Zitronenmelisse)**

Salz

frisch gemahlener Pfeffer

Für die Linsen:

**1 rote oder gelbe
Paprikaschote**

1 EL Butterschmalz

400 g rote Linsen

2 Scheiben Sellerie

2 Zwiebeln

**250 g durchwachsener
Räucherspeck**

4 EL Essig

Für die Taubenbrust:

- Die küchenfertigen Taubenbrüste in einer Pfanne in Butterschmalz anbraten, salzen und pfeffern
- 1 Tasse Brühe angießen und zugedeckt etwa 1/2 Stunde dünsten

Für die Linsen:

- Paprika putzen und klein schneiden
- Sellerie in Würfel schneiden, in Butterschmalz kurz anbraten, in einer Schüssel zur Seite stellen
- Zwiebeln schälen und klein schneiden, Speck würfeln, beides im Schmortopf anbraten
- Linsen waschen und hinzugeben, mit der restlichen Hühnerbrühe ablöschen und zugedeckt etwa 15 Minuten dünsten, ganz zum Schluss Essig unterrühren
- Sellerie, rohe Paprika und den Taubenfond aus der Bratpfanne dazugeben, gut vermischen und in knapp 10 Minuten fertigdünsten

- Taubenbrüste darauf legen, mit etwas Grün der Frühlingszwiebeln (oder mit Zitronenmelisse) garnieren und mit Salzkartoffeln servieren.

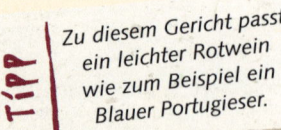

Tipp

Zu diesem Gericht passt ein leichter Rotwein wie zum Beispiel ein Blauer Portugieser.

Aal grün
nach Berliner Art

Zutaten für 4 Personen

800 g küchenfertiger frischer Aal

1 l Wasser

2 Zwiebeln

1 Petersilienwurzel

1 Lorbeerblatt

1 TL Gewürz- und Pfefferkörner

1 Bd Petersilie

1 Kräuterbündel bestehend aus Dill, Salbei und Estragon

1 EL Salz

Für die Soße:

40 g Butter

30 g Mehl

100 ml Sahne

1 EL gehackter Dill

1 EL gehackte Petersilie

Saft einer halben Zitrone

Salz

- Die Haut vom Aal abziehen (falls noch nicht geschehen), das Fleisch gut waschen, abtropfen lassen und in fingerlange Stücke schneiden
- Die Zwiebeln schälen und klein schneiden
- Die Petersilienwurzel putzen und in Stücke schneiden
- Das Wasser zusammen mit Zwiebeln, Petersilienwurzel, Gewürzen, Salz und dem Kräuterbündel aufkochen und 10 Minuten kochen lassen
- Die Aalstücke in den Sud geben und auf kleiner Flamme 15 Minuten köcheln lassen
- In der Zwischenzeit die Butter erhitzen und mit dem Mehl eine Mehlschwitze zubereiten
- Die Aalbrühe abseihen und davon 3/4 l zur Mehlschwitze geben
- Die Sahne hinzufügen und unter Rühren zu einer sämigen Soße einkochen
- Mit Salz und Zitronensaft abschmecken
- Zum Schluss Dill und Petersilie einrühren
- Die Aalstücke gut abtropfen lassen und mit der Soße übergossen servieren
- Dazu passen Salzkartoffeln und Gurkensalat.

„Aal jrün" – wie der Berliner sagt – ist wie der Rollmops auch ein typisch berlinerisches Rezept und wird traditionell immer mit Gurkensalat serviert.

Fisch in Buttersoße

Zutaten für 4 Personen

1250 g Fischfilet von Hecht,
Schleie und Barsch

1/2 Bd Suppengemüse

1 Zwiebel

150 g Butter

3/4 l Wasser

2 Lorbeerblätter

20 Pfefferkörner

20 Pimentkörner

1/4 l Sahne

2 EL Mehl

Salz

- Die Fischfilets in Stücke schneiden, salzen und eine Stunde stehen lassen
- Das Suppengemüse putzen und zerkleinern
- Die Zwiebel schälen und in Stücke schneiden
- Das Wasser mit dem Suppengemüse, der Zwiebel, den Lorbeerblättern, den Gewürzkörnern und der Butter aufkochen und den Fisch darin 15 bis 20 Minuten garen
- Die Sahne mit dem Mehl verquirlen und einrühren
- Den Fisch mit der Soße servieren
- Hierzu passen am besten Salzkartoffeln.

Je nach Saison und Verfügbarkeit lässt sich das Rezept auch nur mit einer oder zwei dieser Fischarten zubereiten.

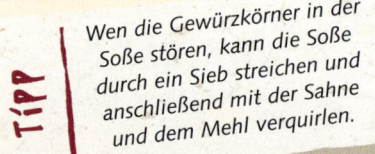

TIPP

Wen die Gewürzkörner in der Soße stören, kann die Soße durch ein Sieb streichen und anschließend mit der Sahne und dem Mehl verquirlen.

Hecht und Barsch gehören zu den Raubfischen. Sie besitzen festes, schmackhaftes Fleisch, das bei älteren Tieren allerdings etwas trocken sein kann. Die Schleie zählt zur Familie der Karpfen. Ihr Fleisch ist besonders wohlschmeckend, allerdings besitzt es viele Gräten.

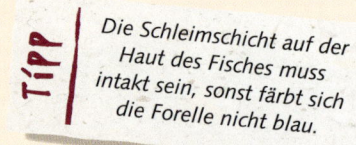

TIPP Die Schleimschicht auf der Haut des Fisches muss intakt sein, sonst färbt sich die Forelle nicht blau.

Forelle blau Bild rechts

Zutaten für 1 Person

1 küchenfertige Bachforelle

1 l Wasser

4 EL Weißwein

5 EL Essig

3 gehäufte TL Salz

Petersilie und Zitronenschnitze zum Garnieren

- Wasser, Wein, Essig und Salz zum Kochen bringen
- Die Forelle mit dem Kopf voran ins Kochwasser geben; sie muss ganz mit Wasser bedeckt sein
- Erneut aufkochen, dann den Topf vom Herd nehmen und die Forelle in 20 Minuten gar ziehen lassen
- Der Fisch ist gar, wenn sich die Rückenflosse leicht herausziehen lässt
- Mit Petersiliensträußchen und Zitronenschnitzen garniert servieren
- Dazu passen Salzkartoffeln und grüner Salat.

Der kleine Ort Honau am Fuße der Schwäbischen Alb ist bekannt für seine Forellenzucht und seine speziellen Forellengerichte, zum Beispiel in Mandelbutter gebratene Forellenfilets, die zusammen mit „Honauer Kartoffeln", einer besonderen Art von Kartoffel-Gratin, serviert werden.

Forelle Müllerin

Zutaten für 1 Person

1 küchenfertige Bachforelle

Salz

1 EL Zitronensaft

Mehl zum Wälzen

50 g Butter

- Die Forelle von innen salzen, von außen durch den Zitronensaft ziehen
- Anschließend in Mehl wenden und in der Butter goldbraun ausbraten
- Dazu passen Kartoffelsalat oder Rahmkartoffeln und Blattsalat.

TIPP Die „Bäckchen" – das Fleisch direkt unter den Kiemendeckeln – gilt als der beste Teil der ganzen Forelle und wird mit besonderem Genuss verzehrt.

Man kann auch andere Fische auf „Müllerin-Art" zubereiten. Hierbei werden die Fische genauso wie die Forelle behandelt und im Ganzen in Butter ausgebraten.

Forelle in Weißwein

Zutaten für 4 Personen

2 große oder 4 kleine küchenfertige Forellen

Saft von 2 Zitronen

2 EL Butter

1/2 Bd Petersilie

2 Schalotten

300 g Champignons

1/2 l Weißwein

1/2 l Sahne

etwas Mehl

Salz

Pfeffer

- Forellen gut waschen und trockentupfen
- Eine Kasserolle mit 1 EL Butter gut ausbuttern
- Die Forellen mit Zitronensaft beträufeln, mit Salz und Pfeffer würzen und in die Kasserolle legen
- Schalotten schälen und fein würfeln
- Petersilie waschen und klein schneiden
- Die Forellen mit Schalottenwürfeln und Petersilie bestreuen
- Pilze putzen, klein schneiden und ebenfalls dazugeben
- Wein und Sahne miteinander mischen und darüber gießen
- Ofen auf 160 bis 180 °C (Umluft 140 bis 160 °C, Gas Stufe 3) vorheizen, Kasserolle einschieben und 15 bis 20 Minuten dämpfen
- Die Forellen vorsichtig herausnehmen und auf einer vorgewärmten Platte warm stellen
- Die Soße durch ein Sieb geben
- Die restliche Butter in Mehl wälzen, in die Soße geben und alles aufkochen
- Die Soße über den Fisch gießen und sofort servieren.

Dieses Rezept stammt aus der Pfalz, dem von der Sonne verwöhnten Weinland. Daher darf natürlich der Weißwein bei der Zubereitung nicht fehlen.

Tipp

Weiter südlich in den kalten sauerstoffreichen Seen der Alpen ist der Saibling beheimatet, der auch als Rotforelle oder Ritter bezeichnet wird. Er besitzt außerordentlich delikates Fleisch. Wegen seiner Ähnlichkeit mit der Forelle können alle Forellenrezepte auch mit Saibling zubereitet werden. Größere Exemplare werden wie Lachs zubereitet.

Zander
mit Meerrettichhaube

Zutaten für 4 Personen

1 Zander (etwa 750 g)

2 – 3 EL Zitronensaft

1/2 Stange Lauch

2 Möhren

1 Stück Sellerie

1 Zwiebel

1 Lorbeerblatt

3 Pfefferkörner

1 Gewürznelke

1 – 2 EL Essig

3 EL Semmelbrösel

100 g Butter

3 EL geriebener Meerrettich

Salz

- Den Fisch schuppen, ausnehmen, waschen und in 4 Portionsstücke teilen
- Die Stücke salzen und mit Zitronensaft beträufeln
- Lauch, Möhren und Sellerie putzen und in kleine Stücke schneiden
- Die Zwiebel schälen und in kleine Würfel schneiden
- Das Gemüse zusammen mit den Gewürzen und dem Essig in kochendes Salzwasser geben und 5 Minuten kochen lassen
- Dann die Hitze zurückschalten, die Fischstücke hinzugeben und diese in etwa 10 Minuten gar ziehen lassen
- In der Zwischenzeit die Butter in einer Pfanne erhitzen und die Semmelbrösel darin goldgelb rösten
- Die Fischstücke auf vorgewärmten Tellern anrichten und mit dem Meerrettich und den Semmelbröseln überziehen.

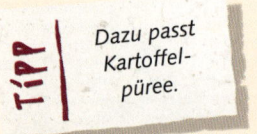

Tipp

Dazu passt Kartoffel-püree.

Der Zander ist wie der Kretzer ein typischer Bodenseefisch und besitzt einen fein-kräftigen Geschmack.

Bremer Fischpfanne

Zutaten für 4 Personen

**750 g gegartes Kabeljaufilet
oder andere Fischreste**

750 g gekochte Kartoffeln

100 g Räucherspeck

200 g Zwiebeln

50 g Butter

Salz

Pfeffer

1 Bd Petersilie

- Den kalten Fisch mit zwei Gabeln zerpflücken
- Die Kartoffeln pellen, in dünne Scheiben schneiden und mit Salz und Pfeffer würzen
- Den Speck in kleine Würfel schneiden
- Die Zwiebeln schälen und fein hacken
- Speck und Zwiebeln in der Pfanne goldgelb rösten
- Die Kartoffeln und die Butter dazugeben und alles knusprig ausbraten
- Dann die Fischstücke dazugeben und weitere 15 Minuten braten
- Die Petersilie waschen, trockenschütteln und fein hacken
- Vor dem Servieren über die Fischpfanne streuen.

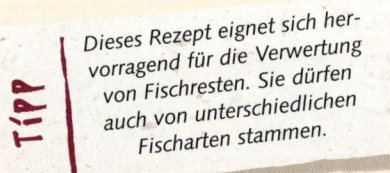

TIPP Dieses Rezept eignet sich hervorragend für die Verwertung von Fischresten. Sie dürfen auch von unterschiedlichen Fischarten stammen.

Dorsch
auf Holsteiner Art

Zutaten für 4 Personen
800 g Dorschfilet
Saft von einer Zitrone
1 kleine Zwiebel
2 EL gehackte Petersilie
2 EL gehackter Dill
1 Spritzer Sojasoße
Salz
2 – 3 EL Öl
8 gegarte Scampis
40 g Butter
Weißwein zum Abschmecken
etwas Butter zum Fetten der Auflaufform

- Den Fisch in 4 dicke Scheiben schneiden, abspülen und trockentupfen
- Die Zwiebel schälen und fein hacken
- Aus dem Zitronensaft, der Zwiebel, den gehackten Kräutern und der Sojasoße eine Marinade bereiten
- Die Fischstücke darin wenden und etwa 1 Stunde ziehen lassen
- Eine Auflaufform mit etwas Butter fetten und die abgetropften Fischstücke hineinlegen
- Etwas salzen und das Öl darüber gießen
- Den Backofen auf 180 °C (Umluft 160 °C, Gas Stufe 2) vorheizen
- Den Fisch darin 25 bis 30 Minuten dünsten
- Den Fisch herausnehmen und den Sud, der sich gebildet hat, in eine Pfanne geben
- Die Butter hinzufügen und schmelzen lassen
- Die Scampis von der Schale befreien und in der Buttersoße schwenken
- Die Scampis aus der Soße nehmen und den Fisch mit den Scampis auf vorgewärmten Tellern anrichten
- Die Soße noch einmal aufkochen und nach Belieben mit Weißwein und Gewürzen abschmecken
- Die Soße getrennt zum Fisch reichen
- Dazu passen Salzkartoffeln und Salat.

Als Dorsch werden die Jungtiere des Kabeljaus bezeichnet, die mit etwa 1 bis 2 kg Gewicht auf den Markt kommen.
Wer es ganz exklusiv möchte, kann statt Scampis auch Hummerschwänze verwenden, die natürlich besonders delikat sind.

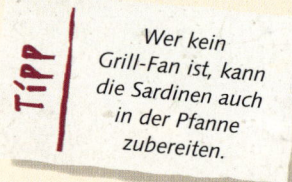

TIPP
Wer kein Grill-Fan ist, kann die Sardinen auch in der Pfanne zubereiten.

Gegrillte Sardinen

Zutaten für 4 Personen
8 Sardinen
6 Knoblauchzehen
6 Zweige frischer Thymian
2 Zweige frischer Rosmarin
Saft von 2 Zitronen
100 ml Olivenöl
Salz
Pfeffer

- Sardinen ausnehmen und schuppen, gründlich waschen und mit Küchenkrepp trockentupfen
- Die Knoblauchzehen schälen und ein- bis zweimal durchschneiden
- Die Kräuter waschen und abtropfen lassen
- Zitronensaft, Olivenöl, Knoblauch und Kräuter in einer flachen Schüssel vermischen
- Die Sardinen mindestens 30 Minuten darin marinieren, dabei mehrmals wenden
- Anschließend die Sardinen von beiden Seiten 4 bis 5 Minuten grillen, dabei immer wieder mit der Marinade bepinseln
- Vor dem Servieren mit Salz und Pfeffer bestreuen
- Dazu passen Weißbrot und ein bunter Sommersalat.

Hamburger Fischerspieß   Bild rechts

Zutaten für 4 Personen
12 Riesengarnelen
400 g küchenfertiger, frischer Aal
1 grüne Paprikaschote
1 rote Paprikaschote
1 Gurke
Salz
Pfeffer
Grillgewürz
Öl zum Bestreichen

- Die Riesengarnelen von Kopf und Schalen befreien, auf der Rückseite aufschneiden und den Darm entfernen
- Den Aal häuten und in etwa 4 cm lange Stücke schneiden
- Die Paprikaschoten waschen, entkernen und in nicht zu kleine Stücke teilen
- Von der Gurke 12 nicht zu dünne Scheiben abschneiden
- Auf vier Spießen alle Zutaten abwechselnd aufziehen
- Mit Salz, Pfeffer und Grillgewürz bestreuen
- Mit Öl bestreichen und über Holzkohle grillen
- Dazu passen Reis und gemischter Salat.

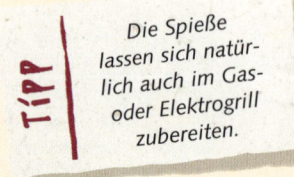

TIPP
Die Spieße lassen sich natürlich auch im Gas- oder Elektrogrill zubereiten.

Heilbutt im Gemüsebett

Zutaten für 4 Personen

4 Kotelettstücke vom Heilbutt à ca. 200 g

Saft von einer halben Zitrone

1 Stange Lauch

3 Zwiebeln

3 Tomaten

150 ml Gemüsebrühe

1 EL Butter

1/8 l Weißwein

200 ml Sahne

Fischgewürz

Pfeffer

- Heilbuttkoteletts abspülen, trockentupfen und mit Zitronensaft beträufeln
- 15 Minuten abgedeckt stehen lassen
- Den Lauch putzen, waschen und in 1 cm dicke Stücke schneiden
- Die Zwiebeln schälen und fein hacken
- Die Tomaten kreuzweise einritzen, überbrühen und häuten, anschließend vierteln und die Kerne herauslösen
- Den Lauch und die Hälfte der Zwiebeln mit der Gemüsebrühe etwa 20 Minuten dünsten
- 3 Minuten vor Ende der Garzeit die Tomatenstücke dazugeben
- Eine flache Kasserolle mit Butter einfetten und die restlichen Zwiebeln darin verteilen
- Die Heilbuttkoteletts nebeneinander darauf legen und mit Fischgewürz und Pfeffer bestreuen
- Den Wein angießen und den Fisch bei mittlerer Hitze zugedeckt etwa 15 Minuten garen
- Das Gemüse auf einem Sieb abtropfen lassen und die Brühe auffangen
- Das Gemüse auf einer Platte verteilen und die Heilbuttstücke darauf anrichten
- Die aufgefangene Gemüsebrühe in den Fischfond mit den Zwiebeln rühren und die Sahne angießen
- Die Soße noch einmal aufkochen und gegebenenfalls etwas reduzieren, damit sie eindickt
- Heiß über den Fisch gießen und das Ganze mit Salzkartoffeln servieren.

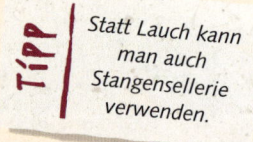

Tipp

Statt Lauch kann man auch Stangensellerie verwenden.

Der Heilbutt ist mit bis zu 2 Meter Länge der größte Vertreter der Plattfische. Er lebt vorwiegend im Nordatlantik. Der Schwarze Heilbutt ist etwas kleiner. Er kommt häufig geräuchert auf den Markt.

Heringe vom Rost

Zutaten für 4 – 6 Personen

**1 kg küchenfertige
grüne Heringe**

2 Eier

Mehl zum Wälzen

1 – 2 TL Paprikapulver

Salz

Zitronensaft

- Die Heringe säubern, mit Zitronensaft beträufeln und salzen
- Die Eier verquirlen
- Das Mehl mit dem Paprikapulver vermischen
- Die Heringe erst in dem Ei, dann im Mehl wälzen
- Auf dem Grill knusprig braun braten.

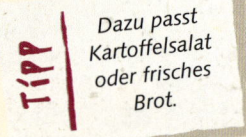

TIPP

Dazu passt
Kartoffelsalat
oder frisches
Brot.

Als „grün" bezeichnete Heringe sind frisch und ungesalzen.
Heringe galten früher als Arme-Leute-Essen, heute sind sie eine
Delikatesse. Der größte Teil der Fänge wird zu Salzhering,
Brathering, Rollmops oder eingelegten Filets weiterverarbeitet.
Als Bückling bezeichnet man einen ausgenommenen, kalt
geräucherten Salzhering.

Labskaus

Zutaten für 4 Personen

350 g Pökelfleisch vom Rind

1/2 l Wasser

1 Lorbeerblatt

2 Gewürznelken

5 Pfefferkörner

500 g Kartoffeln

1 Zwiebel

1 Gewürzgurke

Salz

Pfeffer

20 g Butterschmalz

4 Eier

4 Rollmöpse oder 4 Matjesfilets

- Das Fleisch in Wasser mit den Gewürzen etwa 90 Minuten lang gar kochen
- Die Brühe anschließend abseihen
- Die Kartoffeln schälen und in Wasser garen, anschließend abgießen und heiß zerstampfen
- Die Zwiebel schälen
- Das Fleisch und die Zwiebel durch die grobe Scheibe des Fleischwolfes drehen oder hacken und mit den gestampften Kartoffeln vermischen
- Von der Fleischbrühe so viel dazugeben, dass ein fester Brei entsteht
- Die Gurke in feine Würfel schneiden und unter das Labskaus rühren
- Mit Salz und Pfeffer kräftig abschmecken
- Das Butterschmalz erhitzen und darin 4 Spiegeleier zubereiten
- Das Labskaus auf 4 Teller verteilen, je ein Spiegelei obenauf setzen und einen Rollmops oder ein Matjesfilet daneben legen
- Mit Rote-Bete-Salat servieren.

TIPP

Für die schnelle Küche kann man auch das Pökelfleisch durch Corned Beef aus der Dose ersetzen. Manche legen die Matjesfilets nicht auf das Gericht, sondern mischen sie klein geschnitten darunter. Ebenso kann man die Rote Bete klein geschnitten mit dem Labskaus vermischen, dann erhält es eine kräftigere rote Farbe.

Labskaus ist ein typisches Gericht des rauen Nordens, wobei es zahlreiche Varianten dieses Rezeptes gibt. Es soll schon seit 1701 bekannt sein. Der Name stammt von dem englischen Begriff „lobs-course" und bedeutet „ein Speisegang für derbe Männer". Tatsächlich war Labskaus lange Zeit ein häufiges Gericht an Bord, da die Hauptzutaten wie Pökelfleisch, Heringe und Kartoffeln lange haltbar sind und sich gut auf Schiffsreisen mitnehmen ließen.

Lachsforellenkoteletts
mit Apfel-Fenchel-Gemüse

Zutaten für 4 Personen

**4 große
Lachsforellenkoteletts
(aus dem Mittelteil)**

Saft von einer Zitrone

1 Fenchelknolle

1 säuerlicher Apfel

20 g Butter

20 g Butterschmalz

Mehl zum Wälzen

Salz

weißer Pfeffer

- Die Koteletts mit Zitronensaft beträufeln und mit Salz und Pfeffer würzen
- Die Fenchelknolle putzen und das Grün entfernen
- Die Knolle gründlich waschen und in feine Streifen schneiden
- Den Apfel schälen, vom Kerngehäuse befreien und ebenfalls in dünne Scheiben schneiden
- Die Butter erhitzen, den Fenchel darin andünsten, danach die Apfelscheiben dazugeben und alles zusammen fertig garen
- Mit Salz und Pfeffer würzen
- Die Lachsforellenkoteletts in Mehl wenden und in heißem Butterschmalz auf beiden Seiten goldgelb ausbraten
- Die Koteletts auf vier Tellern anrichten und mit dem Gemüse bedecken
- Dazu passt Butterreis.

Die Lachsforelle gehört zu den edelsten Speisefischen. Sie darf nicht mit der Seeforelle oder dem Lachs verwechselt werden. Sie wird bis zu 5 kg schwer und lebt in Nord- und Ostsee sowie im Nordatlantik und im Eismeer. Im Frühjahr steigt sie zum Ablaichen die Flüsse aufwärts.

Rotbarschfilets
Berliner Art

Zutaten für 4 Personen

4 Rotbarschfilets
à ca. 200 g

Saft einer halben Zitrone

4 EL Olivenöl

4 große Kartoffeln

1 Ei

Mehl zum Wenden

200 g Krabben (frisch
gepult oder aus der Dose)

2 EL Butter

2 – 3 EL gehackte Petersilie

Salz

Pfeffer

- Die Kartoffeln in der Schale kochen
- Die Rotbarschfilets salzen, pfeffern und mit dem Zitronensaft und 2 EL Öl beträufeln
- Eine Viertelstunde ziehen lassen, danach die Filets abtropfen lassen
- Das Ei in einem tiefen Teller verquirlen, das Mehl auf einen zweiten Teller geben
- Die Filets erst in Ei, dann in Mehl wenden und in dem restlichen Öl goldbraun von beiden Seiten braten
- Die Pellkartoffeln schälen und in kleine Würfel schneiden
- Die Krabben – falls aus der Dose – abtropfen lassen
- Die Butter in einer zweiten Pfanne erhitzen und die Kartoffeln mit den Krabben darin leicht anbraten
- Die Filets auf vorgewärmten Tellern anrichten und die Kartoffeln mit den Krabben darüber verteilen
- Mit Petersilie bestreut servieren.

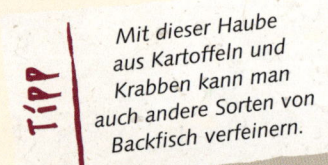

Tipp Mit dieser Haube aus Kartoffeln und Krabben kann man auch andere Sorten von Backfisch verfeinern.

Der Rotbarsch – auch Goldbarsch genannt – ist bei uns erst seit den 1930er-Jahren im Handel, da er in großen Tiefen im Nordatlantik lebt und vorher mit den damaligen Fangmethoden nicht gefischt werden konnte. Er hat sich schnell zu einem äußerst beliebten Speisefisch entwickelt, sodass heute schon viele Bestände überfischt sind.

Scholle Blankenese

Zutaten für 4 Personen

4 küchenfertige Schollen à 250 g

2 EL Mehl

3 EL Öl

200 g Nordsee-Krabben

2 EL Zitronensaft

Salz

Petersilie und Zitronenscheiben zum Garnieren

- Die Schollen kurz unter kaltem Wasser abspülen und trockentupfen
- Mit Salz würzen und in Mehl wenden
- In heißem Öl auf jeder Seite etwa 6 Minuten braten
- Die Schollen aus der Pfanne nehmen und warm stellen
- Die Krabben in die Pfanne geben und 4 bis 5 Minuten dünsten
- Die Schollen auf 4 Tellern anrichten, die Krabben darüber verteilen und alles mit Zitronensaft beträufeln
- Mit Petersiliensträußchen und Zitronenscheiben garniert servieren
- Dazu passen grüner Salat oder Gurkensalat mit Dill und Salzkartoffeln.

Varianten

Speckscholle. Statt der Krabben werden ausgelassene Speckwürfel vor dem Servieren über der Scholle verteilt.

Scholle Finkenwerder Art. Hierfür werden die Krabben in den ausgelassenen Speckwürfeln erhitzt und zusammen mit ihnen auf der Scholle verteilt.

Scholle Englische Art. Die Scholle wird vor dem Braten mit Worcester-Soße eingerieben.

Mandelscholle. Die Scholle wird nach dem Braten mit in Butter gebräunten Mandelblättchen bestreut.

Seeteufel geschmort

Zutaten für 4 Personen

1 kg Seeteufelfleisch (am besten vom Schwanzstück)

4 Schalotten

150 g Champignons

1 Bd Petersilie

125 g Butter

100 ml Weißwein

50 g Semmelbrösel

Salz

frisch gemahlener Pfeffer

- Den Seeteufel abspülen, trockentupfen und in nicht zu dünne Scheiben schneiden
- Die Schalotten schälen und fein hacken
- Die Champignons putzen und feinblättrig schneiden
- Die Petersilie waschen, trockenschütteln und fein hacken
- Den Boden einer feuerfesten Form mit der Hälfte der Schalotten und Champignons bedecken
- Den Fisch darauf legen und mit Salz und Pfeffer würzen
- Die restlichen Schalotten und Champignons darüber verteilen und mit der Petersilie bestreuen
- Die Butter in Flöckchen darauf setzen und den Wein angießen
- Zum Schluss die Semmelbrösel darüber streuen
- Den Backofen auf 230 °C (Umluft 210 °C, Gas Stufe 4) vorheizen
- Etwa 15 Minuten auf der mittleren Schiene backen, bis die Oberfläche goldbraun und knusprig ist
- Dazu passen Salzkartoffeln und ein bunter Salat.

Seeteufel kommt vorwiegend in der Nordsee vor. Früher wurde er wegen seines merkwürdigen Aussehens mit dem großen Kopf und dem riesigen Maul auch Krötenfisch genannt und war fast unverkäuflich. Mittlerweile wird er aber als Speisefisch sehr geschätzt. Er besitzt festes, weißes Fleisch und ihm fehlen die oft störenden feinen Gräten.

Seezungenröllchen

Zutaten für 4 Personen

8 Seezungenfilets à 100 g

Saft einer Zitrone

8 Artischockenherzen

3–4 EL Öl

1/4 l trockener Weißwein

100 ml Sahne oder Crème fraîche

Salz

weißer Pfeffer

- Die Seezungenfilets mit Zitronensaft beträufeln und salzen
- Die Artischockenherzen abtropfen lassen
- Je ein Stück in ein Seezungenfilet mit der Hautseite nach innen einrollen
- Außen die Röllchen mit Öl bestreichen
- Den Backofen auf 220 °C (Umluft 200 °C, Gas Stufe 4) vorheizen
- Die Röllchen nebeneinander in eine Auflaufform setzen und mit dem Weißwein übergießen
- Die Form mit Alufolie abdecken und im Backofen etwa 30 Minuten garen
- Die Röllchen herausnehmen und auf einer Platte warm halten
- Den Kochsud abgießen, noch einmal aufkochen, mit Sahne oder Crème fraîche verfeinern und mit Salz und Pfeffer abschmecken
- Die Soße zu den Röllchen getrennt reichen und mit Reis servieren.

Tipp

Die Seezunge zählt zu den delikatesten Fischen. Daher sollte man sie immer nur dezent würzen und möglichst naturbelassen zubereiten, damit der feine Geschmack nicht übertönt wird.

Steinbutt
mit Steinpilzsoße

Zutaten für 4 Personen

4 Steinbuttfilets à 150 g

2 kleine Zwiebeln

2 Tomaten

je 1 Zweig Basilikum, Dill,
Estragon und Liebstöckel

6 schwarze Pfefferkörner

1/4 l trockener Weißwein

2 EL Weißweinessig

3 Frühlingszwiebeln

250 g Steinpilze
(frisch oder Dosenware)

40 g Butter

100 g Crème fraîche

1 Eigelb

1 EL frische gehackte
Kräuter nach Geschmack

Salz

weißer Pfeffer

- Die Zwiebeln schälen und vierteln
- Die Tomaten waschen und ebenfalls vierteln
- Die Kräuter abspülen und trockenschütteln
- Zwiebeln, Tomaten, Pfefferkörner und Kräuter zusammen mit dem Wein aufkochen und alles 20 Minuten köcheln lassen
- In der Zwischenzeit die Fischfilets kurz abspülen, trockentupfen, mit dem Essig beträufeln und leicht salzen; 10 Minuten ziehen lassen
- Die Frühlingszwiebeln waschen, putzen und in feine Ringe schneiden
- Die Steinpilze putzen (Dosenware abtropfen lassen) und in dünne Scheiben schneiden
- Über den Topf mit dem kochenden Sud ein Sieb legen und die Fischfilets in dem Sieb 5 Minuten dämpfen; anschließend auf einer Platte warm halten
- Den Sud durch ein Sieb gießen und bei starker Hitze etwa auf die Hälfte reduzieren
- Die Butter in einer Pfanne erhitzen und die Frühlingszwiebeln darin glasig braten
- Die Steinpilze hinzufügen und unter Rühren so lange mitbraten, bis sie beginnen Flüssigkeit abzugeben
- Dann die Crème fraîche hinzufügen und unter Rühren etwas einkochen lassen
- Anschließend den Sud dazugeben und die Soße mit Salz und Pfeffer abschmecken
- Das Eigelb verquirlen und damit die Soße legieren (binden); sie darf danach nicht mehr aufkochen, damit das Eigelb nicht gerinnt
- Zum Schluss die Kräuter einrühren
- Die Fischfilets auf Tellern mit der Soße anrichten und mit Reis servieren.

Der Steinbutt ist ein großer Plattfisch von fast kreisrunder Form. Den Namen hat er wegen der Verknöcherungen auf der schuppenlosen Haut erhalten, die „Steine" genannt werden. Kleine Exemplare kommen als Baby-Steinbutte im Ganzen auf den Markt.

Westfälische Speckbrassen

Zutaten für 4 Personen

4 Brassen à etwa 350 g

1 1/2 kg frischer Blattspinat

200 g fetter Speck

4 Zwiebeln

100 g gekochter Schinken

Öl zum Braten

Salz

Muskat

- Den Spinat waschen und putzen und anschließend in wenig Wasser dünsten, bis er zusammenfällt
- Den Speck in kleine Würfel schneiden und in einer heißen Pfanne auslassen
- Die Grieben aus der Pfanne nehmen, die Pfanne mit dem Fett zur Seite stellen
- Den Spinat zusammen mit den Grieben fertig garen
- Mit Salz und frisch geriebenem Muskat abschmecken
- Die Fische ausnehmen, schuppen und waschen
- Trockentupfen und an den Seiten mit einem scharfen Messer anritzen
- Die Zwiebeln schälen und in Würfel schneiden
- Den Schinken ebenfalls in Würfel schneiden
- In heißem Öl Zwiebeln und Schinken anbraten, bis sie leicht braun sind
- Damit die Fische füllen und mit Zahnstochern oder kleinen Stahlspießen verschließen
- Die Brassen in dem ausgelassenen Fett von beiden Seiten in etwa 8 Minuten goldbraun braten.

Tipp

Dazu passen Bratkartoffeln, die in Westfalen auch gerne mit Speck und Zwiebeln zubereitet werden.

Für die bessere Verdauung darf natürlich der westfälische Doppelkorn nach dem Essen nicht fehlen.
Brassen besitzen ein relativ grätenreiches Fleisch, daher sind sie nicht jedermanns Sache. Alternativ man kann das Rezept auch mit anderen Süßwasserfischen zubereiten.

Zwewlwaia
Zwiebelkuchen

Zutaten für 1 Kuchen von 25 cm Durchmesser

Für den Mürbeteig:

200 g Mehl

100 g kalte Butter in kleinen Stücken

1 Eigelb

1 Msp Salz

3 EL Wasser

Für den Belag:

500 g Zwiebeln

2–3 EL Butter

150 ml Sahne

150 ml Milch

3 Eier

1 Msp geriebene Muskatnuss

Salz

Pfeffer

Für den Mürbeteig:

- Das Mehl auf eine Arbeitsfläche sieben, in der Mitte eine Mulde formen und die Butter, das Eigelb, das Salz und das Wasser hineingeben
- Mit den Fingerspitzen die Zutaten in der Mitte vermischen, dann das Mehl vom Rand einarbeiten
- Alle Zutaten zu einem krümeligen Teig vermengen, eventuell noch etwas Wasser hinzufügen
- Den Teig schnell zu einer weichen Kugel kneten, die sich leicht von der Arbeitsfläche löst, dabei die Arbeitsfläche leicht bemehlen
- Den Teig in Klarsichtfolie wickeln und 30 Minuten im Kühlschrank ruhen lassen

Für den Belag:

- Die Zwiebeln schälen und in feine Streifen schneiden
- In einer Pfanne die Butter erhitzen und die Zwiebeln darin langsam weich werden lassen, aber nicht bräunen
- Den Ofen auf 200 °C (Umluft 180 °C, Gas Stufe 3) vorheizen

- Den Teig kurz durchkneten, ausrollen und eine gefettete Springform damit auslegen, dabei einen Rand von 3 bis 5 cm Höhe stehen lassen
- In einer Schüssel die Sahne und die Milch mit den Eiern verquirlen und mit Salz, Pfeffer und Muskatnuss würzen
- Die Zwiebeln auf dem Teig verteilen und die Eimasse darüber gießen
- Etwa 40 Minuten im Ofen backen; der Belag muss gestockt und die Oberfläche des Kuchens leicht gebräunt sein.

Tipp

Zu Zwiebelkuchen passen gut grüner Salat und Riesling.

Bei der Herstellung von Mürbteig ist eine Teigkarte sehr nützlich, weil man mit ihr die Zutaten leicht zusammenschieben kann. Eine schnelle Verarbeitung der Zutaten ist wichtig, denn durch langes Kneten wird die Butter zu weich und macht den Teig klebrig.

Flammkuchen

Zutaten für 4 Personen

Für den Teig:

300 g Mehl

20 g Bäckerhefe

125 ml Wasser

Für den Belag:

2 große Zwiebeln

60 g Räucherspeck

400 ml Sauerrahm

Salz

Pfeffer

geriebene Muskatnuss

Für den Teig:

- Die Hefe mit 125 ml lauwarmem Wasser anrühren und etwa 5 Minuten stehen lassen
- Die Hefepaste mit 2 bis 3 EL Mehl zu einem weichen Brei verrühren
- Zudecken und den Vorteig an einem warmen Ort 1 Stunde zu einer schaumigen Mischung gehen lassen
- Das übrige Mehl mit 1 TL Salz auf eine Arbeitsfläche sieben, in die Mitte eine Mulde drücken
- Den Vorteig in die Mulde geben und das Mehl vom Rand her langsam einarbeiten; eventuell noch etwas Mehl dazugeben, doch der Teig soll leicht klebrig bleiben
- Eine Teigkugel formen, mit Mehl bestäuben und mit einem feuchten Tuch abgedeckt etwa 30 Minuten gehen lassen, bis sich der Umfang verdoppelt hat
- Den Teig etwa eine Minute auf einer Arbeitsfläche leicht kneten, er vermindert dabei wieder seinen Umfang
- Den Backofen auf höchste Stufe vorheizen

Für den Belag:

- Die Zwiebeln schälen und in feine Streifchen schneiden
- Den Speck klein würfeln
- Den Sauerrahm mit Salz, Pfeffer und Muskatnuss würzen

- Den Teig sehr dünn ausrollen, auf ein gefettetes Blech legen, den gewürzten Rahm darauf streichen und mit Zwiebeln und Speckwürfeln bestreuen
- Den Flammkuchen im Ofen etwa 5 bis 8 Minuten backen.

TIPP

Flammkuchen wird gern mit einem Glas Kirschwasser serviert, ist aber auch eine köstliche Ergänzung zu Suppen.

Elsässer Flammkuchen wurde ursprünglich gebacken, um zu prüfen, ob ein Brotofen ausreichende Temperatur für das Brotbacken erreicht hatte. Zum Hitzetest wurde etwas Brotteig hauchdünn ausgerollt, mit Zwiebeln und Speck belegt und auf einer Bäckerschaufel in den Ofen geschoben. Das offene Feuer „flammte" dabei die Teigplatte an.

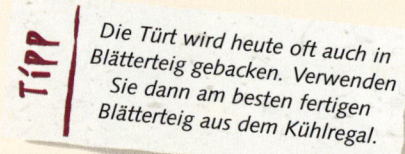

TIPP

Die Türt wird heute oft auch in Blätterteig gebacken. Verwenden Sie dann am besten fertigen Blätterteig aus dem Kühlregal.

Türt
Münstertaler Fleischtorte

Zutaten für 1 runde Form mit 20 cm Durchmesser

Für den Teig:

400 g Mehl

200 g kalte Butter in kleinen Stücken

1 Ei

1 Msp Salz

120 ml Wasser

Für die Farce:

1 helles Brötchen

50 ml Milch

400 g mageres Schweinefleisch

200 g Kalbfleisch

1 Zwiebel

1 Knoblauchzehe

1 Bd Petersilie

80 ml Riesling oder anderer trockener Weißwein

1 Ei

1 Prise geriebene Muskatnuss

1 TL Salz

1 Msp Pfeffer

1 Eigelb zum Bestreichen

Für den Teig:

- Das Mehl auf eine Arbeitsfläche sieben, in der Mitte eine Freistelle formen und die Butter, das Ei, das Salz und das Wasser hineingeben
- Mit den Fingerspitzen die Zutaten in der Mitte vermischen, dann das Mehl vom Rand einarbeiten. Alle Zutaten zu einem krümeligen Teig vermengen, eventuell noch etwas Wasser hinzufügen
- Den Teig schnell zu einer weichen Kugel kneten, die sich leicht von der Arbeitsfläche löst, dabei die Arbeitsfläche leicht bemehlen
- Den Teig in Klarsichtfolie wickeln und 30 Minuten im Kühlschrank ruhen lassen

Für die Farce:

- Das Brötchen in der Milch einweichen
- Das Schweine- und das Kalbfleisch durch den Fleischwolf drehen oder fein hacken
- Die Zwiebeln und den Knoblauch schälen und fein würfeln, die Petersilie waschen, trockenschütteln und hacken
- Den Ofen auf 200 °C (Umluft 180 °C, Gas Stufe 3) vorheizen
- In einer Schüssel das Hackfleisch, den Wein, das ausgedrückte Brötchen, die Zwiebeln, den Knoblauch, die Petersilie und das Ei gleichmäßig vermischen
- Die Farce nach Geschmack mit Muskatnuss, Salz und Pfeffer würzen

- Den Teig kurz durchkneten, etwas mehr als die Hälfte ausrollen und eine gefettete Springform damit auslegen, dabei einen Rand von 3 bis 5 cm Höhe stehen lassen
- Das Eigelb verquirlen. Die Farce in die Teigform füllen, den Rand nach innen kippen und mit Eigelb bestreichen. Den restlichen Teig ausrollen, als Deckel auf die Türt legen und mit Eigelb bestreichen
- In den Deckel zwei Löcher stechen und für den Dampfabzug Röhrchen aus Alufolie hineinstecken (siehe kleines Bild)
- Etwa 45 bis 50 Minuten im Ofen backen
- Sollte die Oberfläche zu schnell bräunen, mit Alufolie abdecken.

Schnittlauchkuchen

Zutaten für 4 Personen

Für den Teig:

500 g Mehl

30 g Hefe

1/4 l Milch

Salz

100 g Butter

Mehl zum Bearbeiten

Butter für das Backblech

Für den Belag:

4 Bund Schnittlauch

200 g Salami

200 g Schinkenspeck

3 Eier

400 ml dicke saure Sahne

- Für den Teig das Mehl in eine Schüssel sieben und in die Mitte eine Vertiefung drücken
- Die Hefe in 1/8 l lauwarmer Milch verquirlen und in die Vertiefung gießen
- Etwas Mehl vom Rand hineingeben und einen breiartigen Vorteig herstellen
- Zugedeckt an einem warmen Ort 20 Minuten gehen lassen
- 1/2 TL Salz und die Butter in Flöckchen auf dem Mehlrand verteilen
- Die Zutaten von der Mitte her zu einem glatten Teig verkneten, dabei die restliche Milch zugeben
- Zugedeckt 30 Minuten gehen lassen
- Den Backofen auf 200 °C (Gas Stufe 3, Umluft 180 °C) vorheizen
- Den Teig zusammenstoßen und auf einer bemehlten Fläche ausrollen
- Ein Backblech ausbuttern, den Teig auflegen und einen Rand hochziehen
- Den Teig mit einer Gabel mehrmals einstechen
- Den Schnittlauch waschen und abtropfen lassen
- Den Schnittlauch in kleine Röllchen, Salami und Schinkenspeck in kleine Würfel schneiden und auf dem Teig verteilen
- Die Eier mit der sauren Sahne und einer kräftigen Prise Salz verquirlen und über den Teig geben
- Im vorgeheizten Backofen etwa 30 Minuten backen.

Tipp

Wie die Zwiebel passt Schnittlauch gut zu Knoblauch, Thymian und Basilikum. Seine Würzkraft bleibt am besten erhalten, wenn man ihn sofort nach dem Einkauf ins Wasser stellt und möglichst bald verbraucht.

Als Verwandter der Zwiebel blickt der Schnittlauch auf eine lange Tradition zurück. Bereits Karl der Große soll den Mönchen befohlen haben, ihn in den klösterlichen Kräutergärten anzubauen – wegen der Heilkräfte seiner schwefelhaltigen ätherischen Öle, die Linderung bei Magenbeschwerden versprachen.

Kastanienknödel

Zutaten für 4 Personen

Für den Teig:

500 g Quark

150 g weiche Butter

70 g Grieß

250 g Mehl

5 Eigelb

Saft von einer Zitrone

Für die Füllung:

300 g Esskastanien

100 g Honig

Zimt

Nelkenpulver

Außerdem:

Salz

Grieß zum Wenden

Für den Teig:

• Butter schaumig rühren und nach und nach den Quark, den Grieß, das Mehl, die Eigelb und den Zitronensaft einarbeiten

Für die Füllung:

• Die Kastanien kreuzweise einschneiden und in Wasser in etwa 15 Minuten weich kochen
• Noch warm schälen und mit dem Mixer pürieren
• Mit Honig, Zimt und Nelkenpulver mischen und abschmecken
• Aus dieser Masse kleine Kugeln formen

• Mit nassen Händen die Kastanienkugel mit Quarkteig umhüllen, so dass etwa tischtennisballgroße Knödel entstehen
• Knödel im Grieß wenden und in einen großen Topf mit kochendem Salzwasser geben
• Die Knödel leicht siedend kochen, wenn sie oben schwimmen, sind sie fertig.

Tipp: Zu Kastanienknödeln passt am besten eine Weinsoße (siehe S. 320).

Dampfnudeln
mit Weinsoße

Zutaten für 6 Personen

Für die Dampfnudeln:

1 kg Mehl

2 Päckchen Trockenhefe

150 ml Milch

6 EL Zucker

5 Eier

250 g Butter

4 EL Buttermilch

1 EL Öl

1 Msp Backpulver

Für die Weinsoße:

4 Eigelb

25 g Puderzucker

1/4 l Weißwein

Zitronen- und Orangensaft
zum Abschmecken

Für die Dampfnudeln:

- Mehl auf die Arbeitsfläche geben und eine Mulde formen, die Hefe in die Mitte geben und den Zucker darüber streuen
- Nach und nach alle Zutaten hinzufügen und einen geschmeidigen Teig bereiten
- Den Teig an einem warmen Ort etwa 1 Stunde gehen lassen
- Aus dem Teig Kugeln formen, auf ein Brett setzen und nochmals 30 Minuten gehen lassen
- In einer Kasserolle Butter erhitzen, 1 Tasse gesalzenes Wasser dazugeben und die Kugeln einsetzen, 15 bis 20 Minuten zugedeckt auf dem Herd bei mittlerer Hitze backen

Für die Weinsoße:

- Eigelb und Puderzucker verrühren und so lange aufschlagen, bis sich kleine Bläschen bilden
- Weißwein zugießen und bei mäßiger Hitze im Wasserbad mit dem Schneebesen dickschaumig schlagen
- Immer weiter schlagen und dabei das Wasserbad kurz aufkochen lassen
- Mit Orangen- und Zitronensaft abschmecken
- Sofort über die Dampfnudeln geben und servieren.

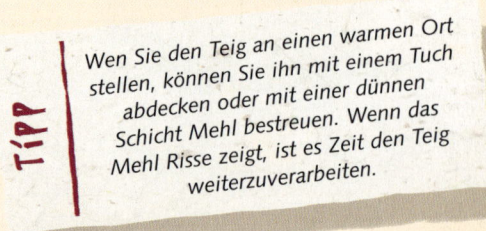

Tipp

Wenn Sie den Teig an einen warmen Ort stellen, können Sie ihn mit einem Tuch abdecken oder mit einer dünnen Schicht Mehl bestreuen. Wenn das Mehl Risse zeigt, ist es Zeit den Teig weiterzuverarbeiten.

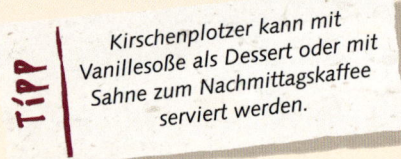

TIPP

Kirschenplotzer kann mit Vanillesoße als Dessert oder mit Sahne zum Nachmittagskaffee serviert werden.

Kirschenplotzer

Zutaten für 4 Personen

5 Brötchen

1/3 l Milch

4 Eier

120 g Zucker

125 g Butter

1 TL Zimt

1/2 abgeriebene Zitronenschale

100 g gehackte Mandeln

1 kg entsteinte Kirschen

3 – 4 EL Butter

3 – 4 EL Semmelbrösel

1 Päckchen Vanillezucker

- Die Brötchen klein schneiden und in lauwarmer Milch einweichen
- Die Eier trennen, das Eiweiß zu steifem Schnee schlagen
- In einer zweiten Schüssel 100 g Butter, Zucker und 4 Eigelb schaumig rühren
- Die aufgeweichten Brötchen mit dieser Masse verrühren und Gewürze und Mandeln darunter mengen
- Den Backofen auf 150 °C (Umluft 130 °C, Gas Stufe 1) vorheizen
- Eischnee unterheben und die Kirschen dazugeben
- Eine Auflaufform fetten und mit einem Teil der Semmelbrösel ausstreuen, die Masse einfüllen
- Restliche Semmelbrösel darüber streuen und Butterflocken (3 – 4 EL Butter) auf den Teig setzen
- In den vorgeheizten Backofen schieben und 60 Minuten backen
- Vor dem Servieren mit Vanillezucker bestreuen.

Süße Brotpfanne

Zutaten für 4 Personen

300 g trockenes Weizenbrot oder 6–7 Brötchen

5 säuerliche Äpfel, möglichst mit roter Schale (z. B. Cox Orange oder Jonathan)

4 EL Zitronensaft

120 g Butter

10 EL Apfeldicksaft

2 EL Zimt

150 g Crème fraîche

1 Glas Preiselbeeren (etwa 400 g)

- Den Backofen auf 220 °C (Umluft 200 °C, Gas Stufe 5) vorheizen
- Das Weizenbrot oder die Brötchen in 1 bis 2 cm große Würfel schneiden
- Auf einem Backblech ausbreiten und einige Minuten im Ofen trocknen, damit es später knusprig wird
- Inzwischen die Äpfel waschen und gut abreiben
- Vierteln, die Kerngehäuse herausschneiden und die Viertel quer in Streifen schneiden
- Die Apfelstreifen sofort in Zitronensaft wenden
- Die Butter in einer großen Pfanne erhitzen und die Brotwürfel hineingeben
- Bei mittlerer Hitze unter mehrmaligem Wenden goldgelb rösten
- Die Äpfel dazugeben und kurz mitbraten
- Dann den Apfeldicksaft darüber träufeln, verrühren und leicht karamellisieren lassen
- Zum Schluss mit Zimt bestreuen und die Crème fraîche und die Preiselbeeren unterziehen.

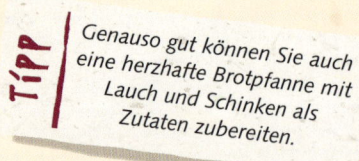

Tipp Genauso gut können Sie auch eine herzhafte Brotpfanne mit Lauch und Schinken als Zutaten zubereiten.

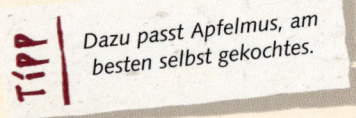

Tipp
Dazu passt Apfelmus, am besten selbst gekochtes.

Quarkspätzle
mit Zucker und Zimt

Zutaten für 4 Personen

500 g Magerquark

200 g Grieß

4 Eier

Salz

3 – 4 EL Butter

Zucker und Zimt zum Bestreuen

- Den Quark mit Grieß, Eiern und etwas Salz mit dem Handrührgerät verrühren
- Die Masse 30 Minuten quellen lassen
- In einem großen Topf Wasser zum Kochen bringen
- Mit einem Löffel walnussgroße Spatzen von dem Teig abstechen und in das siedende Wasser geben
- 15 Minuten ziehen lassen
- Aus dem Wasser nehmen und gut abtropfen lassen
- Die Spatzen in einer Pfanne in der zerlassenen Butter schwenken
- Mit Zucker und Zimt bestreuen und servieren.

Variante

Mit Quark kann man auch leckere Pfannkuchen zaubern. Dazu braucht man 3 Eier, 500 g Quark, 80 g Zucker, 1/2 Päckchen Vanillezucker, 1 Prise Salz, 50 g Rosinen, 100 g Grieß, Butter zum Backen, Zucker und Zimt zum Bestreuen.

Den Quark in ein Sieb geben und gut abtropfen lassen. Die Eier trennen, die Eigelbe mit dem Zucker und dem Vanillezucker schaumig rühren und danach die restlichen Zutaten zufügen (Quark, Grieß, Rosinen, Salz). Die Masse 30 Minuten ziehen lassen. Das Eiweiß steif schlagen und vorsichtig unter die Masse heben. In einer Pfanne Butter erhitzen und die Pfannkuchen nacheinander backen und auf einem Teller warm stellen. Vor dem Servieren mit Zucker und Zimt bestreuen.

Auch zu den Quarkpfannkuchen passt sehr gut Apfelkompott.

Armi Ritter
Zimtschnitten

Zutaten für 4 Personen

2 Eier

400 ml Milch

nach Belieben 1/2 TL Vanillezucker

1 TL Zucker

1 Prise Salz

60 g Butter

8 Scheiben altbackenes Brot

Außerdem:

Zimt und Zucker zum Bestreuen

- In einer flachen Schüssel die Eier schlagen
- Milch, Zucker, Salz und je nach Belieben den Vanillezucker zu den Eiern geben und sehr gut miteinander verrühren
- In einer Pfanne die Butter erhitzen
- Die Brotscheiben kurz in die Eiermilch tauchen
- Die feuchten Brotscheiben auf beiden Seiten goldbraun anbraten, sie sollten innen weich bleiben
- Aus der Pfanne nehmen und mit Zucker und Zimt bestreuen
- Mit Apfelkompott oder anderem gekochten Obst servieren.

TIPP Die Brotscheiben zuerst in Rotwein wenden und anschließend in die Eiermilch tauchen. Für die Eiermilch dann nur 200 ml Milch verwenden und 2 EL Mehl einrühren. Die übrige Zubereitung bleibt gleich.

Die abschätzige Bezeichnung „Arme Ritter" zeigt, dass die Resteverwertung von altbackenem Brot — und die Ritter bei den einfachen Leuten — keinen besonderen Ruf genossen. Doch das hatte keinerlei Auswirkungen auf die Beliebtheit dieses Gerichts, vor allem bei vielen Kindern heute wie damals.

Bambes

Zutaten für 4 Personen

800 g rohe Kartoffeln

400 g in der Schale gekochte Kartoffeln

Salz

1/4 l Buttermilch

Leinöl oder Butterschmalz zum Ausbacken

- Die rohen Kartoffeln schälen und fein reiben, die Kartoffelmasse etwas ausdrücken
- Die gekochten Kartoffeln pellen, ebenfalls fein reiben und unter die rohen Kartoffeln mengen
- Salz und Buttermilch zugeben und einen dickflüssigen Brei herstellen
- In einer Pfanne das Öl oder Schmalz erhitzen, einige Löffel voll Kartoffelteig hineingeben, flachdrücken (wie Kartoffelpuffer) und auf beiden Seiten goldgelb und knusprig braten.

Bambes (abgeleitet von Pampf) heißen nur im Vogtland so, hier nennt man sie aber auch gebackene Kläss. Im Erzgebirge nennt man sie Klitscher, Latschen, Frätzle oder Buttermilchgetzen. Bambes sind Allround-Talente. Sie passen zu süßen und auch zu herzhaften „Beilagen" wie beispielsweise Braten. Bambes werden in der herzhaften Variante mancherorts auch in ausgelassenen Speckwürfeln gebacken.

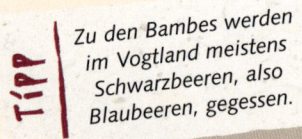

Tipp

Zu den Bambes werden im Vogtland meistens Schwarzbeeren, also Blaubeeren, gegessen.

Fasenachtskiechle
Frittierte Hefekrapfen

Zutaten für 4 bis 6 Personen

Zutaten für den Hefeteig:

125 ml Milch

60 g Butter

25 g Bäckerhefe

60 ml warmes Wasser

375 g Mehl

1 gestrichener TL Salz

45 g Zucker

1 Ei

Außerdem:

Öl oder Fett zum Frittieren

Zucker und Zimt oder Puderzucker zum Bestreuen

- Die Milch mit der Butter erwärmen, bis die Butter schmilzt, dann auf Handwärme abkühlen lassen
- Die Hefe im warmen Wasser auflösen
- Das Mehl in eine warme Schüssel sieben, Salz und Zucker hinzufügen und in die Mitte eine Mulde drücken
- Die Hefe, die Milch und das Ei in die Mitte geben und langsam mit dem Mehl zu einem glatten Teig verkneten
- Falls der Teig klebt, noch etwas Mehl einarbeiten
- Eine Teigkugel formen, mit Mehl bestäuben und 40 bis 60 Minuten ruhen lassen; der Teig sollte sein Volumen etwa verdoppeln
- Den Teig kurz durchkneten, wobei er wieder Volumen verliert, danach etwa 2,5 cm dick ausrollen, mit einem Teigrädchen Rauten ausschneiden oder mit einem Glas Scheiben ausstechen
- Die Teigstücke 20 bis 30 Minuten aufgehen lassen, so dass der Teig erneut seinen Umfang verdoppelt
- Das Öl in einer tiefen Pfanne oder einer Fritteuse auf etwa 180 °C erhitzen
- Die Teigstücke hineingleiten lassen, sie sollten sich nicht berühren
- Die Fasenachtskiechle schwimmend ausbacken und zwischendurch wenden, um beide Seiten zu bräunen
- Die fertigen Stücke aus dem Öl heben und auf Küchenkrepp abtropfen lassen
- Mit Zucker und Zimt oder Puderzucker bestreuen.

Tipp

Beim Frittieren von Hefeteig sollte das Fett etwa 180 °C Temperatur haben. Profis achten außerdem darauf, dass die Eigentemperatur der Teigstücke vor dem Frittieren bei 24 °C liegt.

Fasenachtsbräuche galten früher dem Ziel, sich vor der Fastenzeit noch einmal auszuleben und satt zu essen. Die fetten Krapfen hatten unterschiedlichste Bedeutungen. Manche Pfarrer bekamen sie als Symbol der Totenehrung geschenkt, während andernorts der erste Krapfen als Hühnerfutter die Legefreudigkeit steigern sollte.

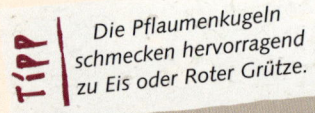

Tipp

Die Pflaumenkugeln schmecken hervorragend zu Eis oder Roter Grütze.

Pflaumenkugeln mit Zimt

Zutaten für 4 Personen

250 g Pflaumen
(ohne Stein gewogen)

100 g gehackte Mandeln

100 g gemahlene Mandeln

1 TL Zimt

- Die Pflaumen entsteinen und im Mixer zerkleinern, aber nicht zermusen
- Die zerkleinerten Pflaumen mit den gemahlenen Mandeln und dem Zimt verkneten
- Daraus Kugeln formen und in den gehackten Mandeln wälzen
- Die Kugeln bei Raumtemperatur etwa 4 Stunden trocknen lassen, dann sind sie außen schön knackig und innen noch weich.

Sekt-Mousse
mit Pfälzer Feigen

Zutaten für 4 Personen

Für die Mousse:

4 Blatt Gelatine

150 ml Sekt

50 g Zucker

3 Eigelb

2 EL Zitronensaft

125 ml Sahne

Für die Feigen:

300 ml Rotwein

1 EL Honig

1 EL Kandiszucker

1 Zimtstange

1 EL Zitronensaft

3 EL Johannisbeergelee

6 – 8 frische Feigen

Für die Mousse:

- Die Gelatine in kaltem Wasser einweichen
- Sekt, Zucker und Eigelb im heißen Wasserbad aufschlagen, bis eine cremige Masse entsteht (dauert etwa 10 Minuten), dann den Zitronensaft und die ausgedrückte Gelatine hinzufügen
- Die Masse kurz weiterschlagen, dann aus dem Wasserbad nehmen und weiterrühren, bis sie abgekühlt ist
- Sahne steif schlagen und unter die Masse heben

Für die Feigen:

- Honig, Rotwein, Kandiszucker, Zimtstange, Zitronensaft und Gelee vermischen und erhitzen; die Masse darf aber nicht kochen
- Die Feigen reinigen, halbieren und in eine Glasschüssel legen
- Zimtstange herausnehmen
- Mit der heißen Rotweinmischung übergießen und abkühlen lassen

- Sowohl die Mousse als auch die Feigen über Nacht in den Kühlschrank stellen
- Am nächsten Tag zusammen servieren.

Variante
Für eine weniger „gehaltvolle" Variante können Sie anstelle von Sekt einen klaren Obstsaft verwenden.

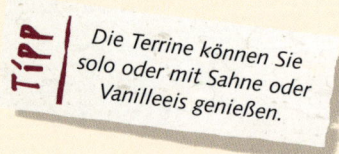

Tipp Die Terrine können Sie solo oder mit Sahne oder Vanilleeis genießen.

Birnen-Terrine

Zutaten für 4 Personen
2 Birnen
200 ml Traubensaft
4 EL Zucker
1 Zimtstange
5 Nelken
60 g Walnusskerne
6 Blatt Gelatine

- Birnen schälen, vierteln und das Kerngehäuse entfernen, dann in dünne Scheiben schneiden
- Den Traubensaft mit 200 ml Wasser aufkochen
- Zucker, Nelken, Zimtstange und die Birnenscheiben dazugeben und bei schwacher Hitze zugedeckt 10 Minuten dünsten, vom Herd nehmen und noch 10 Minuten ziehen lassen
- Die Walnusskerne hacken
- Die Gelatine in kaltem Wasser einweichen
- Zimt und Nelken aus dem Saft entfernen und die Nüsse unterziehen
- Gelatine ausdrücken und im noch warmen Saft auflösen
- Die Masse in eine eckige Form füllen und kalt stellen
- Während der Gelierphase ab und zu umrühren, damit sich die Früchte nicht unten absetzen; das Gelieren dauert etwa 5 Stunden
- Vor dem Servieren die Form kurz in heißes Wasser tauchen, damit die Masse besser gestürzt werden kann
- Terrine auf einen Teller stürzen, in 2 cm dicke Scheiben schneiden und auf einer Platte anrichten.

Erdbeer-Wein-Gelee
mit Sahne

Zutaten für 4 Personen
500 g Erdbeeren
2 unbehandelte Orangen
4 EL Zucker
1/4 l Weißwein
6 Blatt Gelatine
3 – 4 EL Fruchtsaft
2 Vanilleschoten
200 g Sahne

- Erdbeeren waschen und putzen, einige Früchte zum Dekorieren zur Seite legen
- Den Rest der Erdbeeren klein schneiden
- Die Orangenschalen fein abreiben
- Den Saft der Orangen auspressen und mit der abgeriebenen Schale, 2 EL Zucker und den Erdbeeren vermischen
- Den Weißwein zugießen
- Gelatine in kaltem Wasser einweichen
- Herausnehmen und noch feucht in einem kleinen Kochtopf leicht erhitzen, bis sie sich auflöst
- Mit etwas Fruchtsaft anrühren und anschließend unter die restliche Fruchtmischung geben
- Die Fruchtmischung in eine hübsche Schüssel füllen und im Kühlschrank 2 Stunden gelieren lassen
- Vanilleschote der Länge nach aufschneiden und das Mark herauskratzen
- Die Sahne steif schlagen, mit 2 EL Zucker süßen und das Vanillemark untermischen
- Auf das Gelee geben
- Mit den restlichen Erdbeeren verzieren.

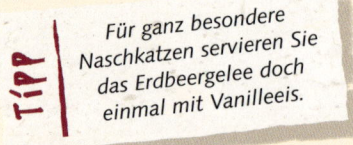

Tipp

Für ganz besondere Naschkatzen servieren Sie das Erdbeergelee doch einmal mit Vanilleeis.

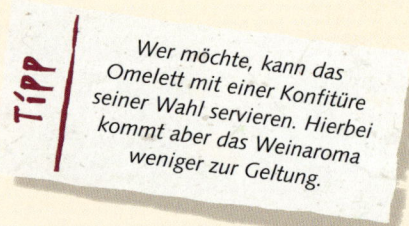

Tipp

Wer möchte, kann das Omelett mit einer Konfitüre seiner Wahl servieren. Hierbei kommt aber das Weinaroma weniger zur Geltung.

Weinomelett

Zutaten für 4 Personen
6 Eigelb
2 EL Zucker
2 EL Mehl
125 ml Schoppenwein
6 Eiweiß
Butter für die Form

- Backofen auf 220 °C (Umluft 200 °C, Gas Stufe 5) vorheizen
- Eigelb, Zucker und Mehl mit dem Wein zu einem Teig verarbeiten
- Eiweiß steif schlagen und den Eischnee unter die Masse ziehen
- Eine Auflaufform mit etwas Butter ausstreichen, die Masse einfüllen und im Ofen etwa 6 bis 8 Minuten backen, bis es eine goldgelbe Farbe hat
- Da das Omelett sehr schnell zu braun wird, sollte man es während des Backens ständig beobachten, um es auf alle Fälle rechtzeitig herausnehmen zu können.

Von den etwa 5000 Rebsorten, die es auf der ganzen Welt geben soll, sind für den deutschen Weinanbau folgende besonders wichtig:
Weißweine: Riesling, Silvaner, Müller-Thurgau, Ruländer.
Rotweine: Burgunder, Portugieser, Trollinger.

Der Wein wird in drei Gütestufen eingeteilt:
Tafelwein: Ein einfacher Tischwein, der sich gut zum Kochen eignet.
Qualitätswein: Er muss höheren Qualitätsansprüchen gerecht werden und kann als Tischwein bei festlichen Menüs gereicht werden.
Qualitätswein mit Prädikat: Dies ist ein Edelwein wie Spätlese, Auslese, Beerenauslese bis hin zur Trockenbeerenauslese oder als Krönung der Eiswein.

Es gibt eine Faustregel, zu welchem Essen welcher Wein geeignet ist:
Weißwein: zu hellem Fleisch (Schwein, Kalb, Geflügel, Fisch).
Rotwein: zu dunklem Fleisch (Rind, Wild und Hammel).
Rosé kann nach Geschmack zu fast jedem Essen gereicht werden.

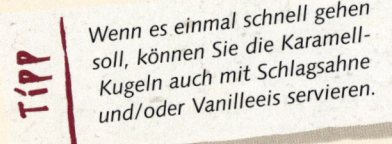

Karamell-Kugeln
in Sahnecreme

Zutaten für 4 Personen

Für die Sahnecreme:

500 ml Sahne

250 ml frische Milch

250 g Zucker

3 Blatt Gelatine

**je nach Geschmack
1 Schnapsglas Grand
Marnier oder Amaretto**

Für die Karamell-Kugeln:

4 x 4 EL Zucker

4 x 1 EL Wasser

Zum Bestreuen:

250 g gehackte Walnüsse

Für die Sahnecreme:

- Gelatine in Wasser einweichen
- Sahne, Milch und Zucker bei mittlerer Hitze aufkochen
- Die eingeweichte und ausgedrückte Gelatine und den Likör (falls gewünscht) zugeben, erneut aufkochen, dann zur Seite stellen

Für die Karamell-Kugeln:

- Den Zucker (4 EL) mit dem Wasser (1 EL) verrühren und einem Topf erhitzen. Beim Karamellisieren darauf achten, dass die Masse nicht zu dunkel wird
- Um nun die Halbkugelform zu erreichen, darf die Masse nicht zu schnell erkalten! Den Topf vom Herd nehmen und die Masse im erkaltenden Topf immer wieder mit dem Löffel zur Topfmitte hin zusammenschieben
- Während die Masse langsam fester wird, mit dem Löffel die Halbkugel formen
- Durch Schwenken des Topfes kann man die Halbkugel noch besser ausbilden. Bis zum vollständigen Erkalten des Karamells die Halbkugel im Topf kreisförmig schwenken
- Erst nach völligem Erkalten der Halbkugel diese vorsichtig vom Topfboden lösen.
- Karamellkugel in die Sahnecreme legen und 4 Stunden in den Kühlschrank stellen. Dort zieht die Karamellkugel aus der Milchmasse etwas Flüssigkeit. Die damit weicher gewordene Kugel kann jetzt in kleinste Portionen abgestochen werden.

Für die Zubereitung der Karamell-Kugeln braucht man etwas Übung, aber mit der richtigen „Schwenktechnik" gelingen sie gut. Bevor Sie dieses Rezept für Gäste zubereiten, sollten Sie die Zubereitung der Kugeln einmal geübt haben.

Birnen in Wein Bild rechts

Zutaten für 4 Personen

5 vollreife Birnen

400 ml kräftiger Wein
(rot oder weiß)

70 g brauner Kandis

1 Zimtstange

1 Msp Ingwer

3 Nelken

abgeriebene Schale einer
unbehandelten Zitrone

Crème fraîche und/oder
gehackte Walnüsse
nach Wunsch

- Wein und Kandiszucker mit den Gewürzen und der Zitronenschale aufkochen und 10 Minuten ziehen lassen
- Durch ein feines Sieb in einen Topf schütten
- Die Birnen schälen, halbieren und Kerngehäuse entfernen, das Fruchtfleisch in Streifen schneiden
- Den Wein erneut aufkochen und die Birnen darin 10 Minuten köcheln lassen.
- Die Birnen in Schälchen anrichten und mit Crème fraîche oder mit Nüssen bestreut servieren.

Glasierte Birnen

Zutaten für 4 Personen

4 feste mittelgroße Birnen

2 EL Zitronensaft

200 g Zucker

1/2 Zimtstange

150 ml Sahne

300 ml Rotwein

abgeriebene Schale einer
1/2 Orange (unbehandelt)

- Birnen schälen, jedoch nicht entkernen
- Zitronensaft in eine Schüssel mit Wasser geben und die Birnen eintauchen, damit sie nicht braun werden
- In einen Topf, in dem die aufrecht stehenden Birnen Platz haben, den Zucker, 100 ml Wasser, die Zimtstange und die abgeriebene Orangenschale geben, alles aufkochen lassen und häufig umrühren, bis der Zucker aufgelöst ist
- Die Birnen zugeben (aufrecht in den Topf stellen) und 10 Minuten dünsten lassen
- Den Rotwein zugießen und bei schwacher Hitze ohne Deckel nochmals 20 Minuten köcheln lassen - die Birnen sollen weich sein, aber nicht zerfallen
- Die Birnen mit dem Schaumlöffel aus dem Topf holen, abtropfen lassen und in eine Schüssel geben
- Zimtstange aus dem Topf holen
- Die im Topf verbliebene Flüssigkeit bei starker Hitze zu einem dünnflüssigen Sirup einkochen
- Diesen Sirup löffelweise abwechselnd über die Birnen geben, so dass eine Glasur entsteht. Abkühlen lassen und kühl stellen
- Mit Schlagsahne servieren.

Apfelkrapfen

Zutaten für 4 Personen

5 – 6 Äpfel je nach Größe

Für den Ausbackteig:

125 g Mehl

1 Prise Salz

125 ml Bier

1 Ei

1 EL Öl

2 Eiweiß

30 g Zucker

Außerdem:

Öl zum Frittieren

Puderzucker zum Bestreuen

- Das Mehl mit dem Salz in eine Schüssel sieben und in die Mitte eine Mulde drücken
- Die Hälfte des Biers, das Ei und das Öl in die Mulde geben und langsam das Mehl unterarbeiten, bis eine glatte Masse entsteht
- Erst jetzt den Rest des Bieres unterrühren
- Die Schüssel abdecken und den Teig 1 Stunde ruhen lassen
- Die Äpfel schälen, das Kernhaus mit einem Apfelstecher entfernen und die Früchte in Ringe schneiden
- Die Eiweiße steif schlagen, dann den Zucker dazugeben und den Eischnee kurz weiterschlagen, so dass er glänzt
- Den Eischnee vorsichtig unter den Bierteig heben
- Das Öl in einer Fritteuse oder einem Topf erhitzen
- Die Apfelringe vollständig in den Teig tauchen, abtropfen lassen und vorsichtig in das heiße Öl gleiten lassen
- In kleinen Portionen ausbacken, weil sonst die Temperatur des Öls zu stark absinkt
- Wenn der Teig goldbraun geworden ist, die Apfelkrapfen aus dem Öl heben, auf Küchenkrepp abtrocknen lassen und im Backofen bei geöffneter Tür warm halten, bis alle Apfelringe ausgebacken sind
- Mit Puderzucker bestreuen und warm servieren
- Dazu passen Fruchtsoßen.

TIPP

Die Apfelscheiben vor dem Eintauchen in den Teig 5 Minuten lang in etwas gezuckerten Rum einlegen.
Ein Ausbackteig ohne Bier lässt sich einfach aus 200 g Mehl, 3 Eiern, 1 Prise Salz, 30 g Zucker und 200 ml Milch rühren.

Als Variante lässt sich das Rezept auch mit Zwetschgen, Birnen oder Pfirsichen zubereiten.

Elsässer Wyncrem
Elsässische Weincreme

Zutaten für 4 Personen

3 Eier

3 EL Zucker

2 EL Kartoffelmehl

750 ml Riesling oder anderer trockener Weißwein

250 ml Wasser

abgeriebene Schale einer halben, unbehandelten Zitrone

- Die Eier teilen und die Eigelbe schaumig rühren
- Langsam den Zucker hinzufügen, bis eine schäumende Masse entsteht
- Nach und nach das Kartoffelmehl, danach den Weißwein, das Wasser und die geriebene Zitronenschale hinzugeben und dabei weiterrühren
- Die Mischung in einem Topf bei geringer Hitze auf den Herd stellen und mit einem Schneebesen weiter durchschlagen. Nicht aufkochen!
- Den Topf von der Kochstelle ziehen, wenn die Masse zu stocken beginnt, und noch etwa 1 Minute weiterschlagen
- Die Creme abkühlen lassen und dabei gelegentlich umrühren
- Das Eiweiß zu Schnee schlagen und vorsichtig unter die abgekühlte Creme heben
- Die Wyncrem zum Servieren in eine Schüssel oder kleine Portionsschalen füllen.

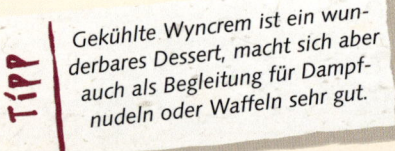

TIPP Gekühlte Wyncrem ist ein wunderbares Dessert, macht sich aber auch als Begleitung für Dampfnudeln oder Waffeln sehr gut.

Einen Wein, der zum Trinken gut genug ist, kann man auch zum Kochen verwenden. Aus einem Wein, der nicht schmeckt, kann deshalb auch keine gute Weincreme werden.

Buttermilchspeise mit Beeren

Zutaten für 4 Personen

4 Eier

100 g Zucker

1 l Buttermilch

1 Prise Salz

500 g Beeren

(Erdbeeren, Himbeeren, Heidelbeeren, Brombeeren)

- Die Eier trennen
- Das Eigelb in eine Schüssel geben und mit dem Zucker schaumig schlagen
- Nach und nach die Buttermilch unterrühren
- 1 Stunde kalt stellen
- Das Eiweiß mit dem Salz steif schlagen und unter die Buttermilch heben
- Auf 4 Tellern die Beeren verteilen und die Buttermilchspeise darauf geben.

Ein beliebter Nachtisch bei den Altvorderen war die Buttermilchsuppe. Dafür goss man 1/4 l Buttermilch in einen tiefen Teller, verteilte einige Butterflöckchen darauf, streute Zucker und Zimt darüber und gab in die Tellermitte einige Bröckchen altbackenes Brot.

Erdbeeren mit Hütes

Zutaten für 4 Personen

500 g Erdbeeren
3 EL Zucker
4 EL Himbeerlikör
200 g Sahnequark,
gut ausgepresst
1 Ei
50 g weiche Butter
1 – 2 EL Semmelbrösel
1 EL Grieß
einige Blättchen
Zitronenmelisse

- Die Erdbeeren waschen, putzen, halbieren und in eine Schüssel geben
- In einem Topf 2 EL Zucker in 50 ml Wasser 2 Minuten kochen und auskühlen lassen
- Den Likör zufügen
- Die Mischung über die Erdbeeren gießen
- Den gut ausgepressten Quark mit dem Ei, dem restlichen Zucker, der Butter, den Semmelbröseln und dem Grieß verrühren und etwas quellen lassen
- Kirschgroße Klößchen formen
- In einem Topf Wasser erhitzen, die Klößchen hinein geben und 8 Minuten darin garen
- Mit einem Schaumlöffel herausnehmen und auskühlen lassen
- Auf den Erdbeeren anrichten
- Mit Melisseblättchen garnieren.

Am begehrtesten waren und sind Walderdbeeren. Früher war es Brauch, dass die Frauen ihren daheim gebliebenen Kindern einen Strauß Walderdbeerpflänzchen mitbrachten (mit Wurzeln, um sie später wieder einzupflanzen). Die Kinder freuten sich, denn auf diese Weise durften sie mitpflücken.

Zwetschgenkuchen

Zutaten für 1 Backblech

1,5 kg Zwetschgen

375 g Mehl

50 g Zucker

20 g Hefe

125 ml lauwarme Milch

1 Ei

50 g Butter

1 Prise Salz

- Die Zwetschgen waschen, halbieren, entsteinen und die Hälften jeweils noch einmal einschneiden
- Mehl in eine Schüssel geben und in der Mitte eine Mulde eindrücken
- Die Hefe zerbröckeln und in die Mulde geben, 1 EL Zucker darüber streuen und 4 EL lauwarme Milch hinzufügen
- Mit etwas Mehl vom Rand einen weichen Vorteig zubereiten
- Den Vorteig leicht mit Mehl bestäuben und zugedeckt an einem warmen Ort 15 Minuten gehen lassen; wenn sich im Vorteig Risse zeigen, ist er bereit zum Weiterverarbeiten
- Die Butter in der restlichen lauwarmen Milch schmelzen
- Den restlichen Zucker, das Ei und das Salz auf den Mehlrand geben
- Rasch die Zutaten zu einem Teig verkneten und von der Milch nach und nach nur so viel hinzufügen, dass der Teig nicht klebt
- Den Teig so lange kneten, bis er seidig glänzt und sich vom Boden der Schüssel löst
- Nun noch einmal zugedeckt 20 bis 30 Minuten gehen lassen, bis sich das Volumen des Teiges verdoppelt hat
- Backofen auf 200 °C (Umluft 180 °C, Gas Stufe 4) vorheizen
- In der Zwischenzeit ein Backblech mit Backpapier belegen oder einfetten
- Den Teig etwa 1/2 cm dick ausrollen und auf das Backblech legen, den Rand leicht hochziehen
- Den Teig mit den Zwetschgen schuppenförmig belegen
- Im vorgeheizten Backofen auf der mittleren Schiene etwa 30 Minuten backen.

In der Pfalz isst man den Zwetschgenkuchen sehr gern zur Kartoffelsuppe. Der Grundteig kann auch mit anderem Obstsorten wie Äpfeln, Heidelbeeren, Kirschen oder Aprikosen belegt werden.

TIPP

Zwetschgenkuchen schmeckt auch sehr lecker mit Streuseln. Besonders wenn die Zwetschgen sehr saftig sind, empfiehlt sich das Belegen mit Streuseln, da sie einen Teil der Feuchtigkeit aufnehmen. Hierfür 110 g Mehl, 80 g Zucker, 80 g Butter und etwas Zimt verkneten, bis feine Brösel entstehen, und diese auf den Zwetschgen verteilen.

Käsekuchen

Zutaten für 1 Springform

Für den Teig:

300 g Mehl

200 g Butter

100 g Zucker

2 Eigelb

Salz

3 EL saure Sahne

Für die Käsefüllung:

750 g Quark

250 ml Sahne

100 g weiche Butter

150 g Mehl

150 g Zucker

3 Eigelb

60 g Sultaninen

Salz

Saft von einer Zitrone

etwas Butter zum
Fetten der Springform

Für den Teig:

- Mehl auf die Arbeitsfläche sieben, Butter in kleine Flöckchen schneiden, auf das Mehl legen und mit dem Messer Butter und Mehl hacken, so dass sich beides verbindet
- Eigelb, eine Prise Salz, Zucker und saure Sahne zugeben und mit einer Gabel leicht untermischen
- Mit kalten Händen rasch zu einem glatten Teig verarbeiten
- In Folie wickeln und 1 Stunde im Kühlschrank ruhen lassen

Für die Käsefüllung:

- Den Quark in einen Haarsieb geben und abtropfen lassen, mit der Sahne glatt rühren
- Butter, Mehl, Zucker, etwas Salz und Zitronensaft zugeben und gut verrühren
- Sultaninen vorsichtig unterheben
- Backofen auf 150 °C (Umluft 130 °C, Gas Stufe 2) vorheizen
- Eine Springform fetten und den Boden mit dem Mürbeteig belegen
- Die Käsemasse auf den Teig geben und glatt streichen
- Die Eigelb verquirlen und die Käsemasse damit bestreichen
- Im Backofen auf der mittleren Schiene 90 Minuten lang backen, dann den Ofen abschalten und den Kuchen darin abkühlen lassen.

Tipp

Lassen Sie den Kuchen grundsätzlich im Backofen erkalten. Lösen Sie aber gleich nach dem Backen vorsichtig den Rand des Kuchens mit einem Messer von der Form ab. Die Gefahr, dass der Kuchen einfällt, ist so am geringsten.

Kartoffel-Rahm-Kuchen
(Grumbeere-Rahm-Kuche)

Zutaten für 1 Springform

Für den Teig:

500 g Kartoffeln

250 g Mehl

125 ml Milch

3 Eier

30 g Hefe

abgeriebene Schale von
1 unbehandelten Zitrone

Für die Füllung:

200 ml saure Sahne

150 g Mandelblättchen

100 g Zucker

1 Päckchen Vanillezucker

1 EL Zimt

Butter zum Fetten
der Springform

Für den Teig:

- Kartoffeln in der Schale in etwa 30 Minuten gar kochen, schälen und zerstampfen
- Die Hefe zusammen mit etwas Zucker in der lauwarmen Milch auflösen und an einem warmen Ort etwa 10 Minuten gehen lassen
- 50 g Zucker, 1/2 Päckchen Vanillezucker und die Eier schaumig schlagen
- Nach und nach Kartoffeln, Mehl, Zitronenschale und Hefe zufügen und alles zu einem geschmeidigen Teig verarbeiten
- Teig ausrollen, in die gefettete Springfotm legen, dabei einen Rand hochziehen
- Mit den Fingern Mulden im Boden eindrücken
- Backofen auf 180 °C (Umluft 160 °C, Gas Stufe 2 bis 3) vorheizen

Für die Füllung:

- Die saure Sahne mit dem Handrührgerät aufschlagen und auf den Kartoffelteigboden gießen
- Den restlichen Zucker und Vanillezucker mit Zimt und Mandelblättchen mischen und über den Kuchen streuen
- Im Backofen etwa 30 Minuten goldbraun backen.

Die besten Stücke sind bei diesem Kuchen in der Mitte. Um sie gab es früher bei uns zu Hause immer eine große Schlacht.

Riwelekueche
Streuselkuchen

Zutaten für 1 Springform von 26 cm Durchmesser

1 kg Äpfel
100 g Butter
150 g Zucker
1 TL Vanillezucker
1 Ei
350 g Mehl
1 EL Kirschwasser
1/2 Päckchen Backpulver

Außerdem:
Butter zum Einfetten

- Die Äpfel schälen, das Kernhaus entfernen und das Obst in Stücke schneiden
- In einer großen Schüssel die Butter, den Zucker, den Vanillezucker, das Ei, das Mehl, das Kirschwasser und das Backpulver vermengen
- Die Masse kräftig kneten und den Teig anschließend zwischen den Handflächen und den Fingern zu kleinen Kügelchen, den „Riwele" reiben
- Falls der Teig zu stark klebt, beim Reiben die Handflächen bemehlen
- Den Backofen auf 190 °C vorheizen
- Eine feuerfeste Form oder eine Springform einfetten
- Dreiviertel der Riwele gleichmäßig in die Form geben und leicht andrücken, so dass ein Kuchenboden entsteht
- Die zerschnittenen Äpfel auf den Kuchenboden legen
- Mit den restlichen Streuseln die Äpfel zudecken
- Etwa 40 Minuten im Ofen backen.

Tipp

Der Kuchen löst sich leichter aus der Form, wenn sie mit Backpapier ausgelegt wurde. Bei Springformen legt man das Papier über den Metallboden und schließt dann die Form, so dass das Backpapier nach außen übersteht. Mit einer Schere die überstehenden Ränder abschneiden. – Nicht vergessen, die senkrechten Wände der Form einzufetten oder ebenfalls mit Backpapier auszukleiden.

Schwäbischer Träubleskuchen

**Zutaten für 1 Springform
(24cm Durchmesser)**

Für den Teig:

200 g Mehl

1 TL Backpulver

80 g Zucker

2 Eigelb

1 EL Milch

80 g Butter

Für den Belag:

500 g Johannisbeeren

4 Eiweiß

3 EL Zucker

2 TL Stärkemehl

- Für den Teig das Mehl in eine Schüssel sieben, 1 EL Mehl für den Teigrand beiseite stellen
- Das restliche Mehl mit dem Backpulver vermischen und in die Mitte eine Vertiefung drücken
- Zucker, Eigelb und Milch in die Vertiefung geben und mit einem Teil des Mehls zu einem Brei vermengen
- Die Butter in kleine Stücke schneiden, auf den Brei geben und von der Mitte her rasch alle Zutaten gut verkneten
- 30 Minuten kalt stellen
- Zwei Drittel des Teiges ausrollen und in eine Springform geben
- Den restlichen Teig mit dem beiseite gestellten Mehl verkneten, zu einer Rolle formen und den Rand der Springform damit bedecken, anschließend den Teig zu einem 3 cm hohen Rand formen
- Den Teigboden mehrmals mit einer Gabel einstechen
- Im vorgeheizten Backofen bei 200 °C (Gas Stufe 3, Umluft 180 °C) etwa 15 Minuten vorbacken
- Inzwischen die Johannisbeeren waschen, gut abtropfen lassen und von den Stielen streifen
- Das Eiweiß steif schlagen, Zucker dabei einrieseln lassen, zum Schluss zuerst das Stärkemehl, dann die Beeren unterheben
- Die Masse auf den vorgebackenen Kuchenboden geben und noch weitere 10 Minuten backen.

Fast jedes Dorf im Schwabenland besaß früher ein Backhaus, in dem auf dem Holzfeuer gebacken wurde. Nur ein im „Backhäusle" gebackener Kuchen hatte also das gewisse „Etwas". Einige der verwaisten Backhäuser hat man inzwischen renoviert und wieder in Betrieb genommen.

Apfelstrudel

**Zutaten für
1 großen Strudel**

Für den Teig:

250 g Mehl

1 Prise Salz

65 g zerlassene Butter

1 Ei

Mehl zum Bearbeiten

Butter für das Backblech

Für die Füllung:

1,5 kg Äpfel

Saft von 1/2 Zitrone

150 g Zucker

1 TL Zimt

**1 TL abgeriebene
Zitronenschale**

100 g Rosinen

**je 30 g geriebene und
gehackte Mandeln**

50 g Semmelbrösel

Außerdem:

**zerlassene Butter
um Bestreichen**

- Das Mehl in eine Schüssel sieben und in die Mitte eine Vertiefung drücken
- Salz, Butter, das Ei und 1/8 l lauwarmes Wasser in die Vertiefung geben und von der Mitte her die Zutaten zu einem geschmeidigen Teig verkneten
- Den Teig zugedeckt an einem warmen Ort 30 Minuten ruhen lassen
- Für die Füllung die Äpfel schälen, in Viertel, dann in feine Stifte schneiden, dabei das Kerngehäuse entfernen
- Die Äpfel mit dem Zitronensaft begießen und mit dem Zucker, dem Zimt, der Zitronenschale, den Rosinen und den Mandeln vermischen
- Ein Geschirrtuch mit Mehl bestäuben, den Teig darauf ausrollen und dünn mit zerlassener Butter bestreichen
- Den Teig mit den Händen papierdünn zu einem Rechteck von etwa 70 x 50 cm ausziehen; dicke Ränder abschneiden
- Den Teig nochmals dünn mit zerlassener Butter bestreichen und mit Semmelbröseln bestreuen, dabei darauf achten, dass an den Seiten 3 cm frei bleiben
- Die Apfelmischung auf dem Teig verteilen
- Die frei gelassenen Ränder auf die Apfelfüllung klappen und den Teig mit Hilfe des Tuches von der längeren Seite her aufrollen
- An den Enden gut zusammendrücken
- Ein Backblech ausbuttern, den Strudel auflegen und mit zerlassener Butter bestreichen
- Im vorgeheizten Backofen bei 180 °C (Gas Stufe 2, Umluft 160 °C) 30 Minuten backen, nochmals mit Butter bestreichen und weitere 15 Minuten backen.

Zum Apfelstrudel passt Vanillesoße. Dafür 3 Eigelb cremig schlagen und 2 EL Zucker unterrühren, bis sich der Zucker aufgelöst hat. 1 TL Stärkemehl in 200 ml kalter Milch verrühren, 1 Prise Salz und 1 halbierte Vanilleschote zugeben und alles unter Rühren kurz aufkochen lassen. Vanilleschote entfernen, die heiße Milch löffelweise unter die Eimasse rühren. Alles bei geringer Hitze unter Rühren erwärmen, bis die Soße sämig wird.

Osterbrot

Zutaten für 1 Kastenform (30 x 11 cm)

50 g Butter

100 g Zucker

1 EL Rosenzucker (siehe S. 13)

1 Prise Salz

250 g Quark

8 EL Milch

100 g Korinthen

150 g gehackte Mandeln

500 g Mehl

2 Päckchen Backpulver

1 Eigelb

Butter für die Kastenform

- Den Quark abtropfen lassen
- Die Butter schaumig rühren
- Nach und nach Zucker, Rosenzucker, Salz, Quark, Milch, gewaschene, abgetropfte Korinthen und Mandeln zufügen
- Das Mehl mit dem Backpulver vermischen und zwei Drittel davon unterrühren
- Das restliche Mehl auf ein Backbrett geben, den Teigbrei darauf legen und mit dem Mehl zu einem festen, glatten Teig verarbeiten
- Eine Kastenform ausbuttern, den Teig einfüllen, mit verquirltem Eigelb bestreichen und im vorgeheizten Backofen bei 200 °C (Gas Stufe 3, Umluft 180 °C) etwa 50 Minuten backen.

In der Oberlausitz, woher dieses Osterbrot stammt, versteht man sich nicht nur aufs Backen, sondern auch aufs Malen.

Das Verzieren von Ostereiern hat dort eine lange Tradition. Jedes Jahr entstehen kleine Kunstwerke. Schon Tage vorher sitzen Groß und Klein, bewaffnet mit Federkiel und Wachs, vor riesigen Eierbergen und verzieren sie mit Blüten, Blättern, Strichen, Pünktchen, Wellenlien und machen jedes Ei zu einem Unikat, denn keines gleicht dem anderen.

Kugelhopf
Guglhupf

Zutaten für 1 hohe Kranzkuchenform

Für den Hefeteig:

250 ml Milch

25 g Bäckerhefe

500 g Mehl

1 Prise Salz

100 g Zucker

2 Eier

200 g Butter

50 g Rosinen

2 EL Kirschwasser

50 g ganze Mandeln

Außerdem:

Butter zum Einfetten

Puderzucker zum Bestreuen

- Die Milch lauwarm werden lassen, 4 EL abnehmen und die Hefe darin auflösen
- Das Mehl in eine Schüssel sieben, Salz und Zucker hinzufügen und in die Mitte eine Mulde drücken
- Die Hefe, die restliche Milch und die Eier in die Mitte geben und langsam mit dem Mehl zu einem glatten Teig verkneten, dabei die Butter stückchenweise einarbeiten und den Teig so lange bearbeiten, bis er sich von den Händen und dem Schüsselrand löst
- Falls der Teig klebt, noch etwas Mehl einarbeiten
- Eine Teigkugel formen, mit Mehl bestäuben und an einem warmen Ort etwa 50 Minuten bis zur Verdopplung ruhen lassen
- Die Rosinen in dem Kirschwasser einweichen
- Den Teig kurz durchkneten, wobei er Volumen verliert, dann die Rosinen einarbeiten
- Die Kuchenform sehr gut ausbuttern, die Mandeln hineinlegen und den Teig bis zu einer Höhe von etwa zwei Dritteln einfüllen
- Den Teig in der Form nochmals an einem warmen Ort etwa 45 bis 60 Minuten aufgehen lassen, so dass der Teig den Rand der Form leicht übersteigt
- Den Backofen auf 200 °C (Umluft 180 °C, Gas Stufe 3) vorheizen
- Den Kuchen etwa 45 bis 50 Minuten backen
- Sollte er zu schnell bräunen, die Oberfläche mit Alufolie schützen
- Den Kugelhopf nach der Garzeit auf ein Gitter stürzen, abkühlen lassen und mit Puderzucker überstäuben.

Der Kugelhopf gehört zu den bekanntesten elsässischen Backwaren. Das Rezept soll von der lebenslustigen Königin Marie-Antoinette 1770 aus ihrer österreichischen Heimat ins Elsass gebracht worden sein, als sie auf dem Weg zu ihrer Hochzeit mit dem späteren Ludwig XVI. war. Der Name des Kuchens wird auf die glockenförmigen Kopfbedeckungen des XIV. Jahrhunderts, die Gugelhüte, zurückgeführt.

Berliner Pfannkuchen

Zutaten für 10–12 Stück

500 g Mehl
30 g Hefe
1 TL Zucker
200 ml Milch
125 g weiche Butter
2 Eigelb
1 Prise Salz
200 g Pflaumenmus
Mehl zum Bearbeiten
Fett zum Ausbacken
125 g Puderzucker zum Bestäuben

- Das Mehl in eine Schüssel sieben und in die Mitte eine Vertiefung drücken
- Die Hefe mit dem Zucker in lauwarmer Milch verquirlen, in die Vertiefung geben und etwas Mehl vom Rand einrühren, so dass ein dicklicher Brei entsteht
- Zugedeckt 15 Minuten an einem warmen Ort gehen lassen
- Auf dem Mehlrand die Butter, das Eigelb und das Salz verteilen
- Von der Mitte her die Zutaten zu einem glatten Teig verkneten
- Zugedeckt weitere 30 Minuten gehen lassen
- Den Teig auf einer bemehlten Fläche 1 cm dick ausrollen
- Kreise von 8 bis 10 cm Durchmesser ausstechen
- Bei der Hälfte der Teigstücke in die Mitte je 1 TL Pflaumenmus geben, dann die restlichen Teigstücke auflegen und die Ränder fest zusammendrücken
- 10 weitere Minuten gehen lassen
- Ausbackfett erhitzen und die Pfannkuchen darin schwimmend etwa 8 Minuten ausbacken, zwischendurch wenden
- Herausnehmen, abtropfen lassen und mit Puderzucker bestäuben.

Berliner Pfannkuchen tragen überall in Deutschland verschiedene Namen wie Ballen, Krapfen oder Mutzen.
Besonders zur Faschingszeit oder zu Silvester gehören sie einfach dazu.

Schwarzwälder Kirschtorte

**Zutaten für 1 Springform
(24 cm Durchmesser)**

Für den Mürbeteig:

150 g Mehl

1/2 TL Backpulver

70 g Zucker

1 Päckchen Vanillezucker

1 Eigelb

2 EL Milch

70 g kalte Butter

- Für den Mürbeteig Mehl und Backpulver vermischen, in eine Schüssel sieben, in die Mitte eine Vertiefung drücken
- Zucker, Vanillezucker, Eigelb und die Milch hineingeben, mit einem Teil des Mehls zu einem dicklichen Brei vermengen
- Die Butter in Stücken dazu geben, mit Mehl bedecken, alle Zutaten rasch zu einem glatten Teig verkneten; 30 Minuten kalt stellen
- Den Mürbeteig ausrollen und ohne Rand in eine Springform füllen
- Im vorgeheizten Backofen bei 200 °C (Gas Stufe 3, Umluft 180 °C) etwa 15 Minuten backen, herausnehmen und auskühlen lassen
- Die Hitze im Backofen auf 180 °C (Gas Stufe 2, Umluft 160 °C) reduzieren

Für den Bisquitteig:

6 Eier

125 g weiche Butter

125 g Zucker

1 Prise Salz

5 EL Kirschwasser

125 g Mehl

1/2 Päckchen Backpulver

1/2 TL Zimt

100 gemahlene Mandeln

**150 g geriebene
Zartbitterschokolade**

- Für den Bisquitteig die Eier trennen
- Butter und Zucker schaumig rühren, das Eigelb unterrühren
- Salz und 3 EL Kirschwasser zugeben und einrühren
- Mehl, Backpulver, Zimt, Mandeln und Schokolade vermischen
- Das Eiweiß steif schlagen und mit der Mehlmischung unter die Buttermasse heben
- Eine Springform mit Backpapier auslegen, den Teig einfüllen und glatt streichen
- Im vorgeheizten Backofen etwa 35 Minuten backen
- Herausnehmen und den Tortenboden zum Auskühlen auf ein Kuchengitter setzen
- Danach in zwei Lagen teilen und mit je 1 EL Kirschwasser beträufeln

Besser geht's nicht! Diese Torte verwöhnt den Gaumen, denn sie ist alles in einem: saftig, sahnig, fruchtig. Und dekorativ ist sie obendrein – ein unübertreffliches Schmuckstück auf der Kaffeetafel.

Für die Füllung:

2 – 3 EL Kirschkonfitüre

350 g entsteinte
Sauerkirschen

60 g Zucker

3 EL Kirschwasser

1/2 l Schlagsahne

1 Päckchen Vanillezucker

1 Päckchen Sahnesteif

Außerdem:

80 g Schokoladenspäne

12 Kirschen

- Für die Füllung die Sauerkirschen mit dem Zucker bestreuen und mit Kirschwasser beträufeln; 1 Stunde ziehen lassen
- Die Schlagsahne mit dem Vanillezucker und dem Sahnesteif steif schlagen
- Die Kirschkonfitüre leicht erwärmen und den Mürbeteigboden damit bestreichen
- Den unteren Bisquitboden darauf setzen
- Auf den Bisquitboden die Kirschen geben und mit einem Drittel der Sahne bestreichen
- Den zweiten Bisquitboden aufsetzen
- Die Torte ringsum mit zwei Drittel der restlichen Sahne überziehen und mit Schokoladenspänen bestreuen
- Die restliche Sahne in einen Spritzbeutel mit Sterntülle füllen und 12 Rosetten rings um die Torte spritzen
- Die Kirschen auf die Rosetten setzen.

Bildquellen

Titelfoto: Stockfood/Strauss, F.
Alle weiteren Bilder stammen von Friedhelm Volk, Stuttgart.

Rezepte
Doris Bopp: Seite 36 – 82, 88 – 128
Karolina Fell: Seite 12 – 16, 130 – 134, 152 – 156, 176, 178, 210, 214 – 218,
310 – 314, 328, 332, 348, 350, 362, 370
Verena Isele: Seite 4 – 10, 136, 138, 142 – 150, 180 – 192, 220, 222, 280,
318 – 326, 334 – 346, 356 – 360
Dr. Gabriele Lehari: Seite 18 – 22, 170, 274, 278, 282 – 290, 294 – 308
Wolfram Martin: Seite 24, 26, 84, 86, 224 – 272
Oda Tietz: Seite 28 – 34, 140, 158 – 168, 194 – 208, 212, 316, 330, 352,
354, 364 – 368, 372, 374

Die in diesem Buch enthaltenen Empfehlungen und Angaben sind von den
Autoren mit größter Sorgfalt zusammengestellt und geprüft worden. Eine
Garantie für die Richtigkeit der Angaben kann aber nicht gegeben werden.
Autoren und Verlage übernehmen keine Haftung für Schäden und Unfälle.

Bibliografische Information der Deutschen Nationalbibliothek
Die Deutsche Nationalbibliothek verzeichnet diese Publikation in der
Deutschen Nationalbibliografie; detaillierte bibliografische Daten sind im
Internet über http://dnb.d-nb.de abrufbar.

© 2010 Eugen Ulmer KG
Wollgrasweg 41, 70599 Stuttgart (Hohenheim)
E-Mail: info@ulmer.de
Internet: www.ulmer.de
Umschlagentwurf: s-punkt design, Silvia Conrady, Düsseldorf
Druck und Bindung: Neografia a. S., Martin
Printed in Slovakia

ISBN 978-3-8001-4976-6

Konservieren & Kochen

In diesem handlichen Taschenbuch werden die verschiedenen Lagerungs- und Konservierungsmethoden übersichtlich und leicht verständlich dargestellt. Es ist nicht nur praktisch, immer ein reichhaltiges Sortiment an frischen und konservierten Lebensmitteln im Haus zu haben – ein gute Vorratshaltung ist ökologisch und spart Geld, da saisonale Angebote voll ausgeschöpft werden können.

Vorratshaltung.

Frisch halten, einfrieren, konservieren.
Gabriele Lehari. 2010. 128 S., 2. Auflage,
58 Farbf., kart. ISBN 978-3-8001-6415-8.

Landfrauen von Hohenlohe bis zur Schwäbischen Alb haben über 250 Rezepte für Sie zusammengetragen, damit das Wissen von Müttern und Großmüttern nicht in Vergessenheit gerät. In einer Einführung berichtet die Autorin vom bäuerlichen Alltag, von den Festtagen auf der Alb und vom Kochen und Essen vor sechzig Jahren.

Landfrauen kochen.

Traditionsrezepte aus Württemberg.
B. Heinrich. 2010. 127 S., 3. Auflage, 43 Farbf.,
kart. ISBN 978-3-8001-5978-9.

Ganz nah dran

Nachhaltig leben – so gelingt es!

- Bauen, wohnen, essen, leben im Einklang mit der Natur
- Tipps für **Selbstversorger**
- Viele nützliche **Tabellen** und **Übersichten**
- Liebevoll illustriert

Stimmungsvolle Fotos, anschauliche Zeichnungen und viele Erfahrungsberichte machen Lust auf Landleben. Die Natur wieder wahrnehmen: Rohstoffe sparsam nutzen, Ausgaben senken, gesünder essen und zu einer sauberen Umwelt beitragen. Ein wunderbarer Überblick rund um Selbstversorgung, bewusstes Leben, nachhaltiges Handeln. Oder einfach ein Ideenbuch zum Schmökern und Träumen. Mit ausführlichem Serviceteil, Adressen und Bezugsquellen.

Lust auf Landleben.
Ökologisch wohnen, gärtnern, Tiere halten.
A. Bridgewater, G. Bridgewater. 2009. 240 S., zahlreiche Abbildungen,
geb. ISBN 978-3-8001-5847-8.

 **www.ulmer.de**